BUENOS AIRES ES LEYENDA 2

GUILLERMO BARRANTES
VÍCTOR COVIELLO

Buenos Aires es leyenda 2

Mitos urbanos de una ciudad misteriosa

 Planeta

Barrantes, Guillermo
    Buenos Aires es leyenda 2: mitos urbanos de una ciudad
misteriosa / Guillermo Barrantes y Víctor Coviello.- 2ª ed. –
Buenos Aires: Planeta, 2006.
    312 p.; 23x15 cm.

    ISBN 950-49-1512-4

    1. Buenos Aires-Leyendas I. Coviello, Víctor II Título
    CDD 398.232

Diseño de cubierta: Departamento de Arte de Editorial Planeta

Derechos exclusivos de edición en castellano
reservados para todo el mundo:
© 2006, Grupo Editorial Planeta S.A.I.C.
Independencia 1668, C 1100 ABQ, Buenos Aires, Argentina
www.editorialplaneta.com.ar

2ª edición: noviembre de 2006

ISBN-13 978-950-49-1512-6
ISBN-10 950-49-1512-4

Impreso en Cosmos Offset S.R.L.,
Coronel García 444, Avellaneda,
en el mes de noviembre de 2006.

Hecho el depósito que prevé la ley 11.723
Impreso en la Argentina

A María Eugenia y a Romina.
Para Dante y los que vendrán...

*Si reuniéramos todo lo que es en una habitación y
todo lo que no es en otra, aún nos quedarían, en el
pasillo que une a ambas, los mitos y las leyendas.*

Frase atribuida a JULIO CORTÁZAR.

El espíritu de este libro es idéntico al de su antecesor: explorar la increíble variedad de leyendas urbanas que deambulan junto a nosotros en la ciudad, historias fascinantes que viajan en el mejor de los transportes. Nos referimos al de boca en boca.

Este volumen no trata, así como tampoco el primero, de desenmascarar o verificar leyendas, no se encontrará al final de cada investigación un sello que diga MITO VERDADERO O MITO FALSO. Lo que sí pretendemos es dejar que cada historia le hable al lector, que sea él quien decida.

Aunque a decir verdad, con *Buenos Aires es leyenda 2* sí trataremos de echar por tierra un mito, aquel que asegura que "segundas partes nunca fueron buenas".

En muchas ocasiones, las secuelas comparten la misma falencia: no son necesarias, no agregan nada nuevo a la primera parte.

Nosotros creemos que este segundo volumen no sólo es necesario, sino indispensable. Y lo decimos principalmente por tres razones:

LAS HISTORIAS: Cuando tuvimos que seleccionar las veinte investigaciones que conformaron la primera parte debieron quedar afuera leyendas urbanas que no lo merecían, relatos que atesoraban infinidad de sorpresas. Algunas por razón de espacio, otras porque aún tenían detalles para profundizar, fueron descartadas. A todas ellas se les debía una segunda oportunidad.

LOS PERSONAJES: Una multitud de ellos habían sido postergados. Cada uno pedía ser descubierto para llevarnos a su barrio y revelarnos sus secretos.

LOS LECTORES: "¿Por qué no hay nada de Colegiales?", "¿qué pasó con Parque Chacabuco?" Preguntas como éstas desbordan nuestro Buzón de Mitos*. Más que nunca el barrio como una patria, el orgullo herido por no encontrar, entre las historias seleccionadas, el sitio que lo vio a uno crecer. Otros lectores fueron más generales: "¡Veinte mitos son muy pocos!" Y tienen toda la razón. Por diversas que sean, veinte leyendas urbanas no son suficientes para cubrir todos los matices que presenta la mitología porteña.

Sabemos que tampoco alcanzan las ahora treinta y seis investigadas, como tampoco alcanzarían sesenta, o cien, tan rica es la Buenos Aires fantástica.

Por lo que nos sentimos con el deber de regresar al ruedo, de desandar las calles porteñas tras la pista de asesinos seriales, pirómanos orientales, rockeros satánicos, hombres-gato, entre otras fabulosas criaturas.

* buenosairesesleyenda@yahoo.com.ar

Buenos Aires no nos defraudó.

¿Se animan a hacer de este dúo de escritores-investigadores, un trío, a penetrar con nosotros en viejos teatros, a caminar por oscuros pasajes, a chatear con el Infierno?

Si lo hacen, entonces tendrán el veredicto, decidirán si finalmente conseguimos desestimar el mito que envuelve a toda secuela.

PARTE I
Criaturitas de Dios

Congreso

Est. Callao

Est. Uruguay

Pte. J. E. Uriburu

Junín

Ayacucho

Riobamba

Rodríguez Peña

Montevideo

Paraná

Sarmiento

Talcahuano

Libertad

Cerrito

C. Pellegrini

Av. 9 de Julio

Tte. Gral. Perón

Bmé. Mitre

Av. Callao

Pje. De la Piedad

Dr. R. Rivarola

Est. Pasco

Av. Rivadavia

Est. Congreso

PLAZA CONGRESO

Est. Sáenz Peña

Av. de Mayo

Est. Lima

Pasco

Rincón

Sarandí

H. Yrigoyen

Av. Entre Ríos

Solís

Virrey Cevallos

L Sáenz Peña

San José

Sgo. del Estero

Salta

Lima

Bdo. de Irigoyen

Alsina

Combate de los Pozos

Moreno

Av. Belgrano

Desde tiempos bíblicos, la paloma ha sido un símbolo de esperanza, o de armonía. Recordemos tan solo el episodio de El Arca de Noé. Pasado un tiempo después del Diluvio, y con las aguas descendiendo, Noé necesita encontrar tierra firme. Entonces manda una paloma. En el segundo intento, la paloma trae en su pico un ramito de olivo, signo inequívoco de la presencia de un lugar seco.

Tal vez, después de leer este mito, cambie de opinión y esas palomitas que se acercan tímidamente para que las alimentemos van a ser miradas con otros ojos. Con ojos cautelosos, atentos.

Todo empieza con una noticia que pasó inadvertida. El episodio ocurrió en pleno cacerolazo, casi un mes antes de la renuncia del entonces presidente de la Nación, Fernando de la Rúa:

LAS PALOMAS ASESINAS DE PLAZA CONGRESO
Fue hallado el cuerpo sin vida de un hombre de unos
60 años en las adyacencias de Plaza Congreso. En el ca-

dáver se observaron heridas filosas como tijeras. Las cuencas oculares estaban desaparecidas y también parte de los intestinos. Algunos testigos aseguran haber visto a este hombre esa misma tarde rodeado de palomas...

Más allá de la pobreza estilística de la noticia, la información no dejaba de ser inquietante.

El primer lugar obligado para buscar alguna pista, teniendo en cuenta que según esa misma noticia la persona fallecida vivía en la calle, era la Morgue judicial.

Para ahorrar descripciones fútiles, la Morgue judicial es como uno se imagina que son los depósitos de cadáveres, pero hay dos cosas que nos llamaron la atención por sobre todo: una es que se respira muerte. Tal vez por el olor a formol o la falta de luz, pero la sensación tanática es opresiva. La otra, un personaje grotesco y con una total falta de sensibilidad que asusta. Típica empleada pública, con su guardapolvo rosa y una peluca de rulos blancos que ya estaba pasada de moda en la década de los 70. Se encarga del papeleo. Fuimos testigos de su pasmosa falta de tacto dirigiéndose a los familiares, como si los muertos fueran mascotas. Reconocemos que es un trabajo difícil, pero un individuo así acentúa el peso de la pena.

Para nuestra fortuna, el doctor Rodrigo R. no tardó en aparecer y darnos su opinión acerca de la noticia:

—No hay que entrar en pánico y traerle psicosis a la gente. Yo todavía no formaba parte del equipo, pero sí tuve acceso a una ficha. La noticia me llegó por un colega y me dio curiosidad y cierta incomodidad. Después, al ir desmenuzando el caso, fui sacando otras conclusiones. Para empezar, el deceso de este hombre era anterior y no por efecto de ningún animal. Simplemente ya estaba muerto. La causa aparente fue una cirrosis. También tengo entendido que no tenía un lugar de residencia fijo, pasaba varios días a la intemperie. Parece que congeniaba con las palomas, la gente le regalaba pan viejo y con eso él las alimentaba. Es muy posible que al fallecer, hayan quedado migas de pan desparramadas por su cuerpo y alguna paloma haya dejado un pico marcado en alguna parte de su humanidad. Es algo circunstancial. Lo otro (ojos arrancados e intestinos desaparecidos) no me consta que haya sido así.

Le hicimos notar que nunca había hablado de autopsia.

—Admito que la cuestión es un poco desprolija en ese sentido. Como es lógico, la autopsia se efectuó, pero yo, al menos, no localicé el informe. Además, al no ser reclamado, el cuerpo fue entregado a la Facultad de Medicina. Sé que necesitan sembrar misterio con este episodio pero yo como médico he visto heridas producidas por animales, hasta de murciélagos. Descarto la teoría de muerte infligida por este tipo de aves. Salvo que en su pico tuvieran un virus mortal, y en la ficha del occiso no se consigna, por supuesto.

Nos fuimos con algunas dudas. Al preguntarle quién había firmado esa ficha, el doctor Rodrigo R. se nos quedó mirando como si acabáramos de levantarnos de una de las camillas de la morgue.

—Es que... no es necesario que sea firmada, sólo se dejan asentados determinados datos.

Nos costó dar con Amílcar. Todos lo conocían como "El señor de las Palomas". Ahora vivía recluido (la palabra se ajustaba estrictamente a esa realidad) en su casa de la calle Moreno, muy cerca de la Plaza de los dos Congresos. El aspecto de Amílcar no era el mejor. Los ojos muy abiertos y lleno de tics, la barba descuidada.

—Para el trabajo que hago no necesito estar muy arreglado. Sólo tengo que cuidar de mis bebés —dijo refiriéndose a sus computadoras—. Diseño páginas web y mi socio se encarga de la comercialización. Igual, me voy a mudar de acá. Cualquier ruido raro que oigo me hace pensar que finalmente llegó el día. Por eso tengo ahuyenta palomas en las cornisas y por los dudas, dos gatos: Ethel y Sansón.

Amílcar tiene una sofisticada teoría que es la culminación de años de paranoia (él lo admite) y es que hay un plan muy concreto de usar palomas para realizar estrategias de guerra o inclusive de terrorismo. Eso incluye las capitales más importantes de Occidente.

—Sin ir más lejos, en la Cumbre de las Américas de Mar del Plata en 2005 tengo conocimiento de que pasaron cosas muy extrañas con las gaviotas. Encontraron, por ejemplo, varias estrelladas contra los vidrios del Hotel Provincial. También, hubo dos policías heridos por ataques de aves. Yo tengo un flaco allá, que es amigo mío, y me dijo que taparon todo. Si quieren más pruebas, en Piazza San Marco, en Venecia, fue muy conocido el ataque de un grupo de palomas a una pareja japonesa.

Le preguntamos si no estaba yendo demasiado lejos con sus teorías conspirativas.

—¿Ustedes dicen que exagero? Las palomas mensajeras no las inventé yo. Hubo ejemplares condecorados, no sé si saben.

Le hicimos escuchar el reportaje que le efectuamos a Rodrigo R., el médico forense.

Maquinalmente, Amílcar se llevó la mano a la boca y su cara adquirió un rápido rojizo extremo.

—¡Noooo, qué equivocado que está ese muchacho! Yo lo conocí al hombre, el que murió, se llamaba Pedro, era un viejito que estaba medio chiflado y no tenía a nadie. A veces dormía en la plaza. Quería mucho a las palomas, las quería de verdad, les ponía nombres. Pero el pobre viejo fue la prueba piloto para algo más grande. La bola que se corre es que se lo iban a hacer a De la Rúa. Pero se cayó solito.

Le pedimos el porqué de su apodo "El Señor de las Palomas".

—Yendo a mi experiencia personal, me pasaba horas con las palomas, eran mi descarga a tierra, me gustaba venir a la plaza. Compraba trigo al por mayor. Las tipas ya me conocían y apenas aparecía, venían de todos lados. Si hubieran puesto una cámara viendo desde arriba, la sensación habría sido como si la plaza se manchara de gris, una mega mancha viva y móvil. Se mataban por el morfi. Hasta se me subían a la cabeza, cualquier cosa. Por eso, lo del Señor de las Palomas.

Amílcar continuó:

—Empecé a desconfiar el primer día que vi a una paloma picotear un pedazo de bife que había caído de una bolsa de residuos. Fue un toque de atención. Después vino lo de Pedrito y dejé de ir.

Nos despedimos de Amílcar y sus gatos, y decidimos recurrir a una persona bien informada acerca del tema. Quién mejor entonces que un miembro de la Sociedad Colombófila Argentina para darnos información sobre estos animalitos.

Hay un mito arraigado que dice que los perros y sus amos se parecen. Podríamos extenderlo al ámbito palomar o colombófilo. Abel T. nos miraba desde sus ojos pequeños pero vivaces y su nariz también pequeña tenía un sobrehueso que le daba realmente una cierta semejanza con sus criaturas.

—La relación entre las palomas y el hombre es de muy larga data. Hay una pintura que representa una suelta de palomas para anunciar la llegada de Ramsés III (3000 A. C.). En la antigüedad, también los chinos se dedicaban a su cría. Hacia el siglo XII y con el reinado del Sultán NurEddi, se había organizado un servicio público de comunicaciones por medio de las palomas. El centro era El Cairo, con estaciones en Alejandría o Gaza.

"Una anécdota muy interesante es la del ya acaudalado Nathan Rothschild. Poseía unos importantes palomares entre Londres y Frankfurt. En 1815, se jugó literalmente la fortuna de su casa en la Banca de Londres. Por otro lado, había prestado gran cantidad de plata para las campañas antinapoleónicas. En esa situación es testigo de la Batalla de Waterloo. Si ganaba Napoleón quedaba arruinado, si no... Cuando el destino de la batalla se estaba decidiendo en contra de Napoleón, Nathan abandonó el campo de batalla antes que nadie. En el camino a Bruselas, soltó una de sus palomas rumbo a Londres, para avisar del resultado. La recibió su secretario enterándose antes que nadie. Cuando al final, Nathan llegó a Londres, ya su secretario tenía todo organizado y el banquero compró acciones en la Bolsa a un precio bajísimo durante horas. Cuando todo el mundo se enteró de la noticia, Rothschild ganó una inmensa fortuna.

Preguntamos cuál era la asociación de las palomas con la paz.

—Es una pregunta que me permite explayarme bastante. Básicamente se debe a que la paloma presta servicio a la humanidad en tiempos de guerra, sobre todo. Los ejemplos son incontables. Una paloma del ejército inglés, la *William of Orange* llevó un mensaje a Inglaterra que permitió salvar a toda una división de ser masacrada por el enemigo, en Holanda. Otra, *Cher Ami*, prestó servicios para el ejército de los Estados Unidos y salvó a un batallón en los bosques de Agonne, Francia. Voló sobre las balas y el fuego, recorriendo con una patita rota 40 kilómetros en 25 minutos para llevar su mensaje al palomar. Este ejemplar se conserva en el Museo de Washington. Así podría seguir todo el día.

Le pedimos que nos comentara algo sobre las competencias.

—Bien, nosotros en la Argentina tenemos tres colombódromos. Uno está en Córdoba, otro en Mar del Plata y uno más en General Roca, provincia de Río Negro. Sé que hay muchas personas que deben pensar que es un hobby, pero hay gente que vive de esto. Conviven con las palomas, prácticamente. Yo ya estoy un poco alejado de las competencias. Pero en su momento, mi familia sabía que había épocas que vivía con ellas. Uno tiene que lograr estar en sintonía con el animal para poder después exigirle. Ser parte de ellos, pero desde una posición de liderazgo, claro.

Cuando le hablamos sobre la leyenda, Abel tensó sus músculos y por un momento pensamos que iba a levantar vuelo desde su mullido sillón.

—Yo les puedo decir que en el ambiente colombófilo se dice de todo. Es parte de la estrategia de competencia también. Siempre se habla de tal y cual cruza para mejorar el rendimiento. Yo tuve un ejemplar una vez que era muy agresivo con sus compañeras de palomar pero tenía un rendimiento superlativo. Tuvimos que sacrificarla porque se pasó de rosca y alteraba todo el orden. Le hicimos una autopsia y descubrimos que tenía un tremendo hematoma en su cerebro, producto de un golpe cuando era pichón, y en teoría eso le producía el desorden.

Veíamos a Abel inquieto, a cada rato se levantaba del sillón. En una de aquellas veces trajo un DVD.

—No sé si deba comentarles esto. El material que van a ver me lo alcanzó un colega mío de Rusia. En mi mano tengo la transcripción porque esta grabación está en ruso. ¿Se acuerdan de Chernobyl? Pasó justo hace veinte años. La explosión de parte de ese reactor contaminó de radiactividad una porción de Ucrania. Oficialmente se dice que hubo 5.000 muertes, pero debido a las diferentes enfermedades producidas por la radiación, otros calculan más de 200.000. Lo que ven en estas imágenes es la ciudad fantasma de Chernobyl ahora. Lo que se plantea en esta grabación es qué pasó con la flora y la fauna que ahí habitaba...

Preguntamos.

—Tuvo mutaciones, todavía no se sabe hasta dónde. ¿Oyeron algo sobre la gripe aviar? Algunos dicen que salió también de ahí. En cuanto a las palomas, se habla de ejemplares que mutaron a una forma... muy extraña.

En el DVD se mostraban deformaciones graves. Tanto en humanos como animales. La cantidad era abrumadora.

—Mi amigo dice que cerca de la frontera con Rusia, una bandada de palomas hambrientas, atacó una casa y mató a dos viejos. Eso pasó unos meses antes de la caída del Muro de Berlín en el 89. Hace poco se filtró la información. La teoría dice que esta variante de mutación ya se expandió en forma global.

Dejamos a Abel y sus palomas radiactivas y fuimos directamente al lugar de los hechos.

La Plaza de los dos Congresos, delimitada por las avenidas Entre Ríos y Rivadavia y las calles Hipólito Yrigoyen y Virrey Ceballos, fue inaugurada como parte de las obras encaradas para el Primer Centenario de la Revolución de Mayo, es decir 1910. El arquitecto que la diseñó fue el francés Carlos Thays.

En la plaza, protagonista de muchos hechos trascendentes a lo largo de su historia, la actividad era la de un día común. No había manifestaciones ni eventos especiales. Sólo gente y palomas, muchísimas.

Casi de inmediato entrevistamos a un muchacho que estaba parado frente a un banco y tenía *feeling* con las palomas. Dijo llamarse José y era una persona muy curiosa, miraba casi todo el tiempo al piso. También ocultaba algo en su mano, tal vez comida, porque había un grupo de cinco palomas que lo seguían en fila, obedientes. Mucha gente le habla a las palomas pero José parecía realmente dialogar con las aves. Cada tanto se tocaba la oreja.

—Me llevo bien con ellas —dijo—, nos entendemos.

Por momentos, José mimetizaba sus movimientos con los de las palomas. Movía la cabeza como ellas. En una ocasión, llevó a su boca lo que pensamos era un cigarrillo pero nos equivocamos. Era una especie de silbato.

Dejamos a José y buscamos otros testimonios.

DIEGO D. (paseador de perros): "Les puedo decir que yo me vengo a esta plaza generalmente más a la tarde. Hoy no me quedó otra. Y es por las palomas. Están medio zarpadas. Antes, los perros les chumbaban y listo. Ahora se les animan a los perritos chicos, les hacen frente, vienen en patota".

ARGENTINO M. (calesitero): "Yo debo vivir en un frasco, porque al menos por acá, todo está igual. La única macana que tuve es que se me metió una paloma en el mecanismo de la calesita y medio que se me trabó un par de días. Un accidente".

Nos dirigimos hacia el edificio del Congreso propiamente dicho y notamos algo que ahora se hacía evidente: el grupo de palomas que estaba con José nos había seguido a prudente distancia. Seguía en formación de cinco. Una al frente y las demás se encolumnaban detrás. Cuando cruzamos la avenida Entre Ríos pensamos que las habíamos dejado atrás. No. Habían volado y estaban en las escalinatas del Congreso. Buscamos a José pensando que tal vez pudiera tener algo que ver. No lo vimos más.

La construcción original de este enorme edificio estuvo a cargo del arquitecto italiano Víctor Meano. La edificación empezó en 1898 y culminó en 1906 y la idea era coronar simbólicamente la avenida de Mayo. Crear un corredor desde la Casa de Gobierno hasta el Congreso.

No teníamos una clara orientación de lo que estábamos buscando. Hablamos con gente de la planta permanente, de maestranza y casi todos nos mencionaban lo mismo:

—Vienen por el fantasma del Congreso, ¿no?

Por supuesto, conocíamos la historia, suficientemente transitada hasta en medios de comunicación. La leyenda dice que en la Sala de los Pasos Perdidos hay un fantasma. Algunas versiones mencionan a un legislador fallecido en plena tarea, otros a un empleado.

¿Palomas?

OSCAR P. (limpieza): "Son bichos muy sucios y hacen nido en cualquier lado. Serán muy lindos, pero hay que limpiarles los regalitos que dejan".

La sorpresa nos la dio un legislador que prefirió mantener su nombre en reserva y que, cuando se enteró de que estábamos en el edificio, nos mandó a llamar por su secretario privado.

El despacho era espacioso pero austero. Algunas fotos familiares y también partidarias. Sobre el escritorio, una pequeña bandera argentina.

—Leí su librito —arrancó diciendo el legislador—. Muy divertido, sobre todo el mito de Felipa*. Acá tenemos unos cuantos gatos atorrantes. Les aclaro que también pensé que venían por el asunto del fantasma.

—Palomas —dijimos brevemente.

—También tenemos bastantes. Me imagino que les contaron el problema que hay con los nidos. Pero, bueno, no es cuestión de salir a reventarlas, son parte del paisaje urbano y también un símbolo.

—El mito del que hablamos es sobre una conspiración.

El legislador tomó una larga bocanada de aire y su risa fue tan potente que hizo retumbar las paredes del despacho.

---

* Felipa es el nombre de la gata que vive en la casa de gobierno y es mencionada en el volumen I en el mito "La negra de la Rosada".

—Por favor, señores, ¿qué clase de broma es ésta?

—Tenemos muchos testimonios de un comportamiento anómalo de las aves, inclusive un episodio documentado de un ataque mortal a un ciudadano.

El congresal se puso serio repentinamente:

—¿Me están hablando de un golpe de Estado? —preguntó irónicamente y otra carcajada sonora pareció torcer una de las fotos—. Perdón, les pido perdón pero creo que suena bastante absurdo. Miren, yo trabajo justamente en la Comisión Nacional de Seguridad y les puedo afirmar que no hemos recibido ningún informe que advierta de una invasión palomar. Ahora si me permiten...

El legislador nos acompañó a la puerta y nos saludó rápidamente. Al volverse a meter en su despacho, su gesto amistoso cambió violentamente. Tomó un teléfono y eso fue lo último que vimos porque el secretario nos acompañó amable hacia la salida del sector.

Ya casi era de noche.

Encontramos a las mismas palomas que habíamos dejado antes pero ahora eran dos grupos perfectamente delimitados.

Con las sombras, las palomas parecían cuervos.

Vimos un taxi y lo tomamos sin dudar.

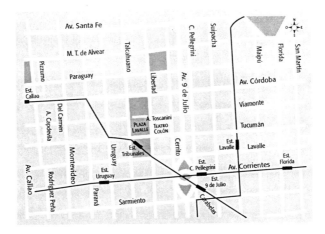

*A*bre el telón

Obertura

El Teatro Colón ya es una leyenda de por sí. Desde su construcción (demandó casi unos veinte años su finalización) los inconvenientes de todo tipo se multiplicaron sin cesar. Las obras se habían iniciado en 1889 pero problemas técnicos, presupuestarios y hasta políticos demoraban la obra. El arquitecto Francisco Tamburini había iniciado la construcción, pero falleció inesperadamente, por lo cual fue sucedido por su colaborador y colega Víctor Meano, que decidió introducir algunos cambios en la obra original. El arquitecto definía la impronta característica del teatro como basada en el Renacimiento italiano, la sólida distribución alemana y la gracia de la arquitectura francesa. Pero Meano no pudo ver su obra coronada porque falleció en 1904. Finalmente, el teatro fue terminado por el arquitecto belga Jules Dormal, quien nuevamente introdujo cambios acentuando el estilo francés pero dándole la magnificencia de uno neogriego.

Con su inauguración, el 25 de mayo de 1908, Buenos Aires por fin poseía un teatro que iba a rivalizar con los más importantes del mundo.

Y ciertamente, han pasado los nombres más importantes de la música en su conjunto. Basta con mencionar a compositores como Richard Strauss, Igor Stravinsky, Manuel de Falla. Directores como Arturo Toscanini (un pasaje junto al teatro lleva su nombre), Herbert von Karajan o Zubin Mehta. Cantantes como Enrico Caruso, María Callas o Luciano Pavarotti y bailarines de la talla de Vaclav Nijinski, Maia Plisetskaia o Rudolf Nureyev.

El gran teatro, en sus casi cien años de vida, atesora una muy rica historia, anécdotas y, por supuesto, mitos. Siempre mitos.

Primer Acto

Cuando nos encontramos con las insistentes versiones sobre duendes en el Teatro Colón, pensamos que se referían a la magia del lugar, en un completo sentido figurado. Estábamos equivocados. En apariencia, se trata de duendes, es decir, uno de los denominados seres elementales. Para ponernos al tanto recurrimos a un experto en el llamado mundo mágico o feérico, el doctor Fernán M.

Como concertamos una entrevista telefónica no conocíamos su aspecto físico. Al recibirnos en su casa del barrio de Flores, pensamos que nos encontrábamos frente a uno de sus congéneres tanto gnomos como duendes. Fernán era muy bajito y con inmensa barba blanca. En su casa, predominaba la madera y había fotos del sur de nuestro país por todo el ambiente.

—Voy seguido por allá, hay mucho para explorar en el sur. Por suerte tenemos lugares casi vírgenes y las entidades pueden vivir medianamente tranquilas.

Sobre una mesita también de madera rústica estaban apoyados unos enormes álbumes de fotos.

—Estas fotos las saqué hace dos meses cerca de San Martín de los Andes. Seleccioné las más nítidas. En ésta pueden ver un gnomo, en este enorme pino, cerca de la copa.

Efectivamente, allí se veía algo, no tan nítido como decía Fernán, pero había alguien subido a una rama con aspecto de gnomo.

—Éste es el certificado de autenticidad que me dieron en el laboratorio. Y éste que tengo acá es un acercamiento de esa misma foto, se puede ver la cara.

Guardamos silencio. Nadie negaba que la foto fuera cierta pero tampoco era tan difícil pensar que hubieran puesto a alguien disfrazado.

—Bueno, ustedes vinieron por los duendes. Antes que nada les voy a dar un panorama general de los elementales, a los cuales pertenecen los duendes. Se los nombra así porque están vinculados con los cuatro elementos de la naturaleza que son la tierra, el agua, el aire y el fuego. A mitad de camino entre los ángeles y el hombre estos seres ofrecen su protección o cuidan del hábitat que les es propio. Para no aburrirlos, les puedo decir que los duendes están relacionados con la tierra, como los gnomos y las hadas.

—¿Hay diferentes tipos de duendes?

—Así es. En su mayoría viven en los bosques, selvas o cualquier lugar natural. Pero también hay muchos otros que habitan en las casas o cerca de ellas y ofician como protectores. Yo tengo uno en casa que se hace llamar Flierp y cuida las plantas de mi jardín. No, no se sonrían, es así. A ver, señores, estos seres son mucho más antiguos que los propios hombres y contribuyeron a la creación del mundo. Son seres sabios y, a su vez, traviesos como niños. Pueden ayudar como también entorpecer al hombre. Bueno, como les decía, Flierp se deja ver muy pocas veces y debe ser invocado. Obviamente, si lo intento ahora no va a aparecer, a ustedes nos los conoce. Otra vez esos gestos desconfiados. Los acompaño a la puerta cuando quieran.

Le pedimos disculpas y preguntamos qué podía comentarnos acerca de la leyenda del Colón.

—No me asombra en lo absoluto. A los duendes les gusta muchísimo la música y qué mejor lugar que ése, ¿no? Hay una historia bien conocida de uno al que le decían "el duende organista" y que habitaba en el Convento de San Agustín en Huesca, en la España del 1600. Tocaba la flauta y algunos tubos del órgano de ese Convento. Pero ojo, señores, porque no es todo oro lo que reluce. Como les mencioné antes, pueden ser protectores pero también dañinos, y si se dan cuenta de que son mal utilizados, se vuelven temibles.

Llegados a ese punto de la charla mirábamos por encima de nuestros hombros a ver si detectábamos al duende llamado Flierp. Percibiendo nuestra inquietud, Fernán nos agasajó ofreciéndonos un líquido espeso y sospechosamente oscuro.

—No es nada raro, sólo jugo de naranja y frutilla que preparé antes de que ustedes vinieran. Son de un pequeño campito que poseo en Escobar. Y por ahora ahí hay sólo vacas.

Con cierto temor, bebimos un poco de aquel preparado. Tenía un dejo a alcohol.

—Bueno, ¿no es verdad? Le puse una pizca de vodka para darle más color. ¿En qué estábamos? —dijo y se tocó aquella barba blanca y frondosa—. Sí. Ahora me voy a poner serio para hablar de esto. Hay otros seres que entran en la categoría de los duendes pero son francamente siniestros. No son malos de por sí pero sus prácticas me parecen repulsivas. Tienen muchos nombres y nadie se pone de acuerdo. Lo concreto es que, cómo podría definirlo... se alimentan de las emociones humanas y, a cambio de eso, modifican el entorno supuestamente para bien. Hay registros de ellos en lugares de mucho dolor. Aparecen en las guerras o en situaciones conflictivas. Yo mismo realicé un estudio y entrevisté a veteranos de la guerra de Malvinas que percibieron, inclusive vieron algo. Acá tengo grabado algún material, si les interesa.

No asociábamos adónde quería llegar con esa pista, después lo entendimos mejor. Como nos pareció algo muy curioso, rescatamos algunos pasajes del testimonio de un supuesto soldado argentino, veterano de guerra:

Los ingleses venían, loco, y los gurkas* también. Esas trincheras eran como tumbas congeladas, nuestras propias futuras tumbas. Teníamos tanto miedo que casi lo podíamos ver. Porque al miedo no sólo lo sentís o lo podés oler, para nosotros era como una nubecita gris arriba de los cascos...

---

* Grupo de mercenarios de origen nepalés reclutados por las tropas británicas como fuerza básica de choque.

[...] habrá sido a la madrugada. Sabíamos que el enemigo iba a atacar nuestra posición de un momento a otro. Se escuchaba fuego de mortero para ablandar el perímetro desde hacía una hora. Primero fueron unas bengalas y después empezó el fuego de mortero sobre nosotros, cada vez más cerca. Después de eso los vimos. Al principio pensamos que eran gurkas. Ya habíamos visto algunos muertos. Eran chiquitos y muy feos. Pero estos tipos no gritaban como los gurkas, sólo abrían sus bocas enormes y llenas de dientes. Corrían a una velocidad increíble, te lo puedo firmar, loco, porque abrimos fuego y nunca les pegamos ni de cerca. Lo más espantoso era que tenían el tamaño de medio metro más o menos, pero a medida que llegaban a nuestra posición parecían hincharse y crecer. Cuando ya los tuvimos encima y del cagazo, casi todos nos refugiamos en las trincheras. Y así como vinieron, desaparecieron. Mucho tiempo después me enteré de que también a los ingleses se les aparecían.

Fernán tomó otro sorbo de su bebida pero se salpicó un poco la mano al apoyar el vaso en la mesa. A falta de algún trapo, se secó con su propia barba y continuó:

—Les mencioné que a los duendes les gusta la música. A un lugar de la talla del Teatro Colón es seguro que lo habitan duendes. Lo que faltaría determinar es de qué tipo son. Si entendemos que el propio teatro es una caja receptora y emisora de emociones, es altamente probable que sean...

Segundo Acto

Rodolfo D., un referente del teatro en el área de carpintería, nos esperaba por la puerta giratoria que da a la calle Cerrito. Con él recorrimos las entrañas del teatro. El mismo Rodolfo lo definió con una metáfora precisa:

—Nos vamos a meter en la parte del Colón que no se ve. En la parte del coloso de revoque de hierro y madera que permanece oculta. Y si de madera se trata, soy un entendido en la materia. Con estas manos —fuertes y grandes como tenazas de carne—, reconstruyo el patrimonio de la casa. Porque esto es como mi casa. Pero no para todos, hay mucho descuido, hay gente que no quiere al teatro.

Bajamos y subimos escaleras, pasando por inmensos talleres, donde decorados para futuras obras van tomando forma.

—Éste es uno de los pocos grandes teatros del mundo con talleres propios. Todo se hace acá. No se terceriza nada, como se dice ahora.

Más escaleras y pasillos y llegamos al corazón de la *enfermería,* como llama Rodolfo al sector que él dirige. Nos encontramos con una pila de sillas con diferentes heridas, algunas desahuciadas.

—Estas sillas son originales. Son francesas. Modestia aparte he hecho maravillas para recuperar algunas. Después van a verlas impecables cuando los lleve a La Sala.

Luego de pasar por herrería, vestuario y una sala de ensayo de considerables proporciones debajo de la 9 de Julio, misteriosamente nos encontramos al nivel del escenario.

—Este escenario es totalmente giratorio y por este enorme montacargas que ven ahí, se pueden transportar los decorados.

Era ahora o nunca, debíamos preguntar:

—¿Cosas raras? Algo curioso es que el teatro respira. ¿Qué quiero decir con esto? Cuando se presentan las obras, se da mucha potencia a las luces que van calentando los materiales y la madera *trabaja*. Cuando termina la función y se apagan las luces, se producen los ruidos de reacomodamiento de la madera. Fuera de eso, no se me ocurre nada.

Hicimos la pregunta de rigor y la respuesta fue enérgica:

—¿Duendes? Sí, tenemos muchos duendes. ¡Duendes que hacen desaparecer la guita y de todas las formas posibles!

”Les voy a dar algunos ejemplos. Antiguamente, por acá abajo pasaba un tren*. En una de las paredes exteriores había una placa. ¡Se la afanaron! Otro ejemplo: todos los días se hacen visitas guiadas, ¿adónde va esa guita? Se la tragan, ¿entienden?

”Lo están dejando caer, muchachos, y ¿saben por qué?, porque lo quieren privatizar. Por ahora lo alquilan, pero cuando esté tan destruido que no lo puedan salvar, van a hacer eso. Todavía hace veinte años vos entrabas en el almacén y había de todo, era como ir de compras al shopping. Ahora cada vez te tenés que arreglar con menos. Una lástima. Pero bueno, nos acostumbramos.

”¿Los duendes, me preguntaron? Vamos a hablar con Ávalos. Él es medio supersticioso... Cree en todo.

---

* Se refiere al antiguo Ferrocarril Oeste que cruzaba el terreno del actual Teatro Colón.

Accedimos a la que se denomina La Sala con una creciente emoción. De este lugar en forma de herradura se afirma que su acústica es perfecta.

Íbamos caminando por el pasillo mientras Rodolfo nos mostraba con detalle cómo había retocado cada una de sus butacas o sus *hijas*. Otra vez podíamos ver el amor ilimitado de ese hombre por su trabajo. Pero nuestros pies no podían detenerse porque nos encaminábamos a un hecho fortuito pero necesario para el teatro: la limpieza de la grandiosa araña de siete metros de diámetro, apodada cariñosamente "El monstruo". La bestia dormida desciende desde las profundidades del techo hasta el piso a través de un sistema mecánico. Una vez al alcance de manos humanas alguna de sus setecientas lámparas distribuidas en la estructura de bronce bruñido, cuyo nacimiento se remonta a Francia hacia fines del siglo XIX, puede ser reparada o acicalada. Ahí, junto al monstruo, encontramos a Ávalos, los brazos cruzados por la espalda admirando al gigante:

—No muchas veces la bajan y hay que aprovechar para verla. Es el Polifemo del Colón. Así no asusta tanto pero es igual de increíble.

Después de presentarnos y comentar con Ávalos qué andábamos buscando, Rodolfo comenzó a protagonizar con su compañero de trabajo lo que para nosotros fue algo así como un duelo dialéctico. Cada uno en su papel trataba de destacar algún dato, alguna información.

—Duendes que te esconden las cosas hay en todos lados, pero acá están cebados. A Rodolfo no le pasará, pero a mí me pasa todo el tiempo.

—Será porque tengo todo en su lugar, bien organizado.

Luego de la interrupción, Ávalos continuó:

—Incluso, acá en 2002, el jefe de Mayordomía, el señor Labrador, falleció en plena sala, y la causa del deceso, según comentan, se debió a algo que vio y que lo asustó muchísimo. Labrador se encontró con los duendes, porque en cierto momento son visibles y no son precisamente lindos.

Tengo entendido que pasa en muchos lugares de este tipo, no sé, en la Scala de Milán serán más rubios, qué sé yo. Pero asustan.

Rodolfo, movido por un resorte invisible, se desplazó entre las butacas y marcando el lugar exacto en donde encontraron el cadáver, agregó:

—No le crean demasiado, la causa del infarto fue un tremendo disgusto que tuvo ese día, algo que tenía que ver con sus haberes en relación con sus años de antigüedad.

—Es el mismo ser o seres que en las noches de calor imitan la voz de Caruso.

—Sí, seguro. Les cuento un secreto, muchachos. Arriba del Monstruo hay una salita donde puede llegar a caber un pequeña orquesta y coros y se la utiliza en algunas obras como coro de ángeles; el efecto es impresionante. Alguien escondido ahí puede imitar cualquier cosa.

Ávalos se alejó como si nada y se dirigió a unos palcos cerrados con reja de bronce a nivel de la platea, llamados *Baignores* o Palco de las viudas, y que originariamente se utilizaban para los espectadores que guardaban luto y no querían ser vistos. Ávalos dijo:

—Hace unos cuantos años, una persona de limpieza renunció porque quedó encerrada en uno de los palcos con duendes que le cantaban. Según ella, eran gorditos y cantaban, "trinaban" y les pusieron el apodo de los Gorditos Trini.

Rodolfo, incansable, comenzó a subirse por la escalera recorriendo las diferentes ubicaciones. Se detuvo al nivel de los de Cazuela (más arriba están los de Tertulia, Galería y Paraíso). Desde ahí su voz sonaba increíblemente nítida y cercana:

—También se decía que esos muchachitos eran los hijos no reconocidos de una empleada y venían a buscar a su madre. La broma la habría ideado el papá de los pibes.

En ese punto, ambos confluyeron en un acuerdo. Rodolfo batió palmas y Ávalos le contestó. Sonaban con una pureza inigualable. Y corroboramos un mito que no es tal: la acústica del Colón se encuentra entre las mejores del mundo.

Nos despedimos de los dos, no sin antes admirar la pintura de Raúl Soldi que adorna la cúpula. Terminados en 1963, aquellos frescos reemplazaron a los originales, deteriorados por la humedad en los años treinta.

Nos esperaban más revelaciones.

Tercer Acto

Debíamos cruzar una pequeña calle en el interior del teatro llamada Pasaje de los Carruajes. Comunica Toscanini con Tucumán. Antiguamente era el lugar por donde arribaban los vehículos con tracción a sangre. En uno de los costados se encuentra un pequeño lugar gastronómico, *La Confitería del Teatro*. Allí habíamos citado a una muy conocida bailarina que brilló hace algunas décadas, a la que llamaremos Viviana, y a Julio, un aspirante a cantante con mucho potencial.

La negrura de las mesitas contrastaba con la palidez del rostro de la bailarina.

—Este lugar es una gran olla de energías y emociones y todo puede pasar. Todo se potencia y el estrés puede llevarte a niveles increíbles. Es tanta la presión antes de un estreno que no es nada raro que escuches voces.

Le comentamos la teoría de la memoria de los materiales* por la que, por diferentes causas, los materiales elegidos liberan lo que tienen almacenado y pueden escucharse voces u otros sonidos.

—Lo que puedo decir es que acá, como en muchos ámbitos artísticos, la superstición está a la orden del día. Desde infinitas cábalas, como la de tener que encontrar un clavo en el escenario y doblarlo para que todo salga bien, hasta colores que no se pueden usar juntos, cosas que mejor no pronunciar y demás.

El aspirante, un muchacho joven de riguroso pelo largo y que hasta ese momento sólo escuchaba, hizo su primera intervención hablando con voz grave, de tenor.

—Es muy conocida la yeta que acompaña una obra de Verdi. La voy a nombrar a medias justamente por eso y es *La Fuerza del...* (*La Forza del Destino*) y que el Colón no la representa desde el 85 porque siempre pasan cosas. ¿Qué cosas? Desde un gato negro que se cruza en el escenario hasta un montón de accidentes que acompañan a esa re-presentación.

—Para nosotros —dijimos—, éste es el típico ejemplo de cómo nace una leyenda. Seguramente en una representación ocurrió un inconveniente. Alguien deslizó la teoría

* Véase "El mito del Zorzal" en el volumen 1.

de que la obra podía estar maldita y cualquier detalle, aunque más no sea mínimo, fue tomado como parte de esa maldición. Luego, se asoció a esa ópera con la desgracia.

—Sí, sabía eso. De todas maneras las "desgracias" aquí como en otros grandes teatros del mundo, son inducidas por gente muy real. Es bien conocido el tema de poner vidrios en las zapatillas para que nos cortemos. A mí me han tirado pastillas de veneno para ratas en el camarín. Hay mucha mala onda, mucha envidia dando vueltas. Hay una película, *Encuentro con Venus* (*Meeting Venus*) que ilustra muy bien la cuestión.

En ese punto, nos referimos a los duendes que se alimentaban de esa energía.

Julio nos sorprendió:

—Yo debo creer en eso. Tengo que creer en eso.

Preguntamos por qué.

Julio extrajo pacientemente una serie de hojas fotocopiadas. Después las desplegó sobre la mesa y las alisó pacientemente, como si esas hojas fueran a hablar por sí solas con las caricias. Entonces dijo:

—Éstas son notas del apuntador durante los ensayos de la ópera *Sueño de una noche de verano*, de Benjamin Britten. Son del año 62, cuando se estrenó aquí. Estas notas las heredé de mi padre que también era cantante, pero se cortó las cuerdas vocales y tuvo que abandonar. Él me dijo que no fue un accidente, que algo lo produjo.

—¿Y cómo fue eso? —preguntó Viviana.

—Estaba dando una nota muy alta y sintió que algo invadía su boca, una fuerza extraña.

—Seguramente un gallo.

—No —dijo Julio—, ningún gallo, fueron ellos, esos

duendes. Y yo voy lograr lo que mi padre no pudo. Si no me creen lo de los duendes, ésta es una prueba.

El papel decía:

[...] *Ocurrió un hecho por demás extraño. Teníamos la escena del diálogo del personaje, el duende de nombre Puck. Era el ensayo general. Estaban todos los personajes en escena. Cuando Puck empezó su parte, apareció un personaje que se parecía a Puck y comenzó a imitarlo. Efectuaba los mismos movimientos pero tenía una gracia poco común. Se adueñó de la escena y todos nos quedamos mirando sin reaccionar. De pronto, hizo una reverencia y desapareció en una nube de polvo. Jamás supimos quién fue. Me enteré que el día del estreno y durante el desarrollo del tercer acto, apareció fugazmente pero no puedo confirmarlo. Si era un actor, verdaderamente tenía gracia. Y era muy precoz, tal vez un niño, un niño muy brillante. Un técnico del teatro me dijo que se trataba realmente de un duende y que Puck, por ser una representación de este ser, lo había atraído. Pero yo no creo en estas cosas.*

Julio disfrutó el momento mirándonos fijamente. Remató con lo siguiente:

—Casualmente y después de muchos años, *Sueño de una noche de verano* está programada para el 2006.

En ese instante la cajera de la confitería comenzó a cantar un área de *Carmen*. Después nos enteramos de que muchos estudiantes de canto trabajan allí y "practican" con esa audiencia. Lo novedoso fue que Julio se unió a la chica, ante la mirada sorprendida de los comensales.

Viviana, sin dejarse amedrentar por Julio, nos confesó casi al oído que ella tenía una historia algo similar pero que nunca le había dado demasiado importancia. Era la leyenda de Sofía, la bailarina fantasma. Todo el mundo hablaba de Sofía y era el ejemplo de la exigencia llevada al máximo. La historia trataba acerca de una chica que tenía todas las condiciones para ser una estrella pero en una práctica se había quebrado el tobillo con tan mala suerte que debió abandonar el ballet. Y se suicidó. Y todo el mundo juraba verla. A ella "se le apareció" delante del espejo en una práctica. Viviana siguió como si nada y la figura, muy pálida, casi transparente, imitaba sus movimientos. Cuando intentó hablarle, hubo un repentino corte de electricidad y al volver la energía, el espectro ya no estaba. Si bien nunca pudo confirmarlo, dedujo que era una broma de parte de sus compañeras y la gente de vestuario.

Terminó el minirrecital y todos aplaudimos. Julio saludó y agradeció un poco exageradamente. Luego volvió a nuestra mesa.

Antes de despedirnos, Julio nos dejó algo más:

—Acá tengo un regalito para ustedes —era un casete—. Esto me ocurrió la semana pasada practicando con mi maestro, Leopoldo, en la sala de experimentación, en el segundo subsuelo. Por suerte pude grabarlo. Escuchen esa risita. Éramos varios, pero no había ningún niño ahí, se los puedo asegurar.

Efectivamente, era la risa de un niño pero eso no significaba que no pudiera trucarse. Lo curioso del caso era que parecía darse a otro nivel de la cinta, bastante imperceptible pero en un rango de audición aceptable. La escuchamos una y otra vez. Alguien hacía un chiste, la risita y después risas generales. Sugestivo.

Hace poco, recibimos una llamada de Fernán M., nuestro experto en duendes. Le habíamos mandado la cinta y la analizó exhaustivamente. Para él, era auténtica. Se lo notaba muy entusiasmado y nos aseguró que iniciaría una investigación propia en el Colón.

Sea lo que fuere, el tema sigue abierto. Sólo nos queda comprar el abono para la obra *Sueño de una noche de verano* y disfrutar de ese maravilloso teatro.

¿Cae el telón?

PARTE II
Chicos
superpoderosos

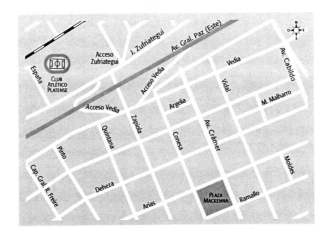

Algunos dicen que todo empezó en aquel partido entre San Lorenzo y Argentinos Juniors perteneciente al campeonato 1985/86 de la primera división de nuestro fútbol. San Lorenzo ganaba 1 a 0 cuando Perazzo convierte el segundo gol de su equipo desde casi cincuenta metros. La conquista fue de tal factura que, en un hecho insólito, Juan Carlos Loustau, el árbitro del encuentro, se acerca a Perazzo, le da la mano y lo felicita diciéndole "le pegaste como Pelosi".

A veinte años del golazo de Perazzo (rima con la que algunos diarios titularon la cobertura del partido), aquellas palabras de Loustau siguen siendo un enigma para muchos. ¿A quién se refirió el árbitro? ¿Quién era ese tal Pelosi?

La mitología urbana, como siempre, no se queda callada y da su respuesta.

Franco Pelosi habría nacido en el barrio de Saavedra en la década del 50. De padre uruguayo y madre argentina, sus comienzos futbolísticos se remontarían a la época escolar, en los mismos torneos estudiantiles y en los potreros barriales. Habría hecho las inferiores en Platense, deslumbrando a entrenadores y compañeros. Sin embargo nunca llegaría a jugar en primera: el inesperado fallecimiento de su madre lo sumiría en una profunda depresión que lo alejaría de las canchas por casi cinco años. Cuando quiso volver al fútbol era demasiado tarde.

Según el mito, la pasión por el fútbol venía de sangre. El padre de Franco habría llegado a jugar como delantero en el primer equipo de Central Uruguay Reilway Cricket Club*. Pero a pesar del antecedente paterno, Franco hizo sus primeras incursiones en el fútbol como arquero.

Se dice que en cierto partido de un torneo interno entre alumnos, Franco hizo algo increíble que marcaría su futuro deportivo.

OMAR P. (quien dijo haber participado de aquel cotejo): "Fue al final de la escuela primaria. Yo jugaba para el otro equipo. Franco era el arquero contrario. Me acuerdo que teníamos un tiro de esquina a favor. El centro vino medio llovido, y Franco saltó y nos ganó a todos; pero en vez de atrapar la pelota con las manos, la cacheteó para adelante y salió jugando. Como la mayoría de los nuestros había ido a cabecear, nos agarró a contramano y empezó a dejarnos atrás, siempre con la pelota atada al pie. Llegó a la mitad de la cancha. Se enfrentó con el cinco nuestro. Con un enganche lo dejó en el camino. Le salió a marcar el seis. Lo esquivó. Nuestro líbero se le tiró a los pies y le dejó los tapones marcados en el tobillo. Franco trastabilló pero no se cayó. Y tampoco perdió la pelota. Entonces fue arquero contra arquero. El nuestro se adelantó para tapar-

---

* Así se denominaba, en los primeros años del amateurismo, el actual Club Atlético Peñarol.

le los ángulos, pero Franco cuchareó la pelota y se la metió por arriba, de sombrero. Un gol increíble. Al final ganamos nosotros, cinco a dos o cinco a tres; pero después nadie se acordó del resultado, sólo hablaban del gol de Franco".

El saber popular asegura que luego de ese partido, Franco Pelosi colgó los guantes de arquero para convertirse en jugador de campo. Habría empezado a jugar de nueve, pero como si fuera un mandato histórico para todo crack del balompié, al poco tiempo jugó de diez, posición que nunca abandonaría.

Los que dicen haberlo visto jugar sólo hablan de su destreza:

GUSTAVO P. (vecino): "Yo vi a un pibe tirar cinco rabonas en una misma jugada, y la última fue un pase gol al nueve. Después me dijeron que el pibe ése era Pelosi".

CARLOS M. (ex colaborador de las inferiores de Platense): "Aquel dicho de tirar el centro e ir a cabecear, él lo hizo realidad. Fue en un partido contra Ferro, por el campeonato de tercera. Teníamos un tiro libre desde el costado, una especie de córner corto. Franco le pegó con tal efecto, que tuvo tiempo de llegar al borde del área y tirarse de palomita. La pelota se fue al lado del palo. Si era gol teníamos que cerrar la cancha".

SIMÓN D. (vecino): "Era un vivo del año cero. En un campeonato barrial usó su picardía para hacer una de billar. Era un tiro libre pegado a la línea del fondo. Franco no tenía ángulo para darle directo al arco; tenía que tirar centro sí o sí. Delante de él estaba la barrera de tres hombres y el referí cuidando la distancia de la barrera. Entonces el arbitro pitó, pero Franco no le dio tiempo a que se alejara mucho. Ahí nomás sacó el remate apuntándole al juez. El árbitro quiso esquivarla pero no pudo: la pelota le pegó en la cadera y se clavó en el ángulo. Primero no sabía qué hacer, pero al final no le quedó otra, tuvo que cobrar el gol. Pelosi había jugado a dos bandas".

El testimonio de Simón tiene una base reglamentaria: en lo que se refiere a la trayectoria del balón dentro del campo de juego, el árbitro juega el mismo papel que un poste del arco, o sea que si el esférico rebota en él y luego ingresa en la meta, es gol.

Habiendo gente tan segura de las hazañas de Franco Pelosi, ¿cómo es posible que otros vecinos de Saavedra nos entregaran testimonios como los siguientes?

GABRIEL H.: "Pelosi no existe, es un invento de los de Platense. ¿Ustedes lo vieron jugar alguna vez? ¿Lo vieron en el diario? Si sos un fuera de serie tenés que salir en el diario, aunque sea una vez".

IGNACIO E.: "No puede ser que no haya un documento, una foto, nada. O el tipo jugó muy poco, o ni siquiera existió".

VÍCTOR L.: "Nunca hubo un Franco Pelosi en Platense. Yo llevo a Platense en la sangre desde la cuna, así que si yo les digo que no hubo un Pelosi en Platense, quédense tranquilos que es así".

Existe un mecanismo, dentro de la mitología urbana, que puede justificar semejante ambigüedad.

Veamos el mecanismo:

Alguien comenta que Fulano de Tal hizo un gol memorable.

Una de las personas que escuchó el comentario se lo repite a una tercera, pero como Fulano de Tal no es conocido, no lo cita, sólo detalla la heroica jugada.

Durante cierto tiempo el golazo se transmite así, sin un autor. Hasta algunos narradores podrán agregarle un toque de misterio diciendo algo como "...y es que nadie sabe quién hizo aquel gol fantástico..."

Esta adosada incertidumbre será bienvenida por algunos, quienes seguirán expandiendo el relato sin un nombre para el crack. Pero habrá otros que no se sentirán tan cómodos con la duda, y entre ellos estará aquel a quien se le ocurra unificar las cosas, y haga que Fulano de Tal y Franco Pelosi sean la misma persona.

La adjudicación del gol a Franco quizá no se haga con firmeza en una primera instancia. El que relata podrá decir: "No es seguro, pero quién otro que no sea Pelosi pudo haber elaborado semejante obra de arte".

El paso siguiente, y tal vez el último, sea eliminar toda incertidumbre y darle definitivamente la autoría del gol a nuestro mítico futbolista.

Si es éste el mecanismo que se ha puesto en marcha en Saavedra, entonces prácticamente cualquier golazo de autor desconocido, tarde o temprano, terminará siendo propiedad de Franco Pelosi, como si se tratara de un pozo al que no pueden evitar caer todas las anónimas hazañas futboleras.

De esta manera, "el diez de Saavedra" bien pudo haber hecho tan sólo un par de goles geniales, o hasta pudo darse el lujo de ni siquiera haber existido. Tal vez fue creado por algún narrador carente de un crack para sus cuentos de fútbol. Luego, el mecanismo antes detallado, se habría encargado de transformar la invención en mito.

Los matices de la leyenda de Franco Pelosi guardan muchas semejanzas con los de otra leyenda del deporte: Pepe

Cipriani[*]. La leyenda de Pepe fue analizada en el primer volumen de nuestra saga. En resumidas cuentas, este último habría hecho hazañas similares a las de Franco pero en el automovilismo. Y como ocurre con Franco, había gente que negaba la propia existencia del corredor. ¿Será ésta una regla general? ¿Tendrá cada deporte su héroe de fábula, su gladiador épico, tan misterioso que hasta se dude de su realidad física?

Otro detalle que habíamos resaltado en el caso de Cipriani era el de cómo los elementos numéricos del mito se exageraban versión a versión.

Los siguientes testimonios referentes a Franco nos muestran que esto sucede sin que importe en qué disciplina se encuadre la leyenda:

RAMÓN O.: "Creo que este pibe saltó a la fama después de hacer como diez goles en un partido".

ALFREDO C.: "Fue en las inferiores de Platense. Yo había ido a ver a un amigo que jugaba para Defensores de Belgrano. El «nene» Pelosi estaba en su tarde. Metió trece pepas, una mejor que la otra. Si ese muchacho hubiera seguido, hoy era más conocido que Maradona".

Maradona. Un mito vivo del fútbol mundial. Si hasta hay turistas que visitan el estadio Azteca, en México, para caminar, como en un vía crucis, sobre el sendero recorrido por el "Barrilete Cósmico" en la jugada de todos los tiempos que culminó con el segundo gol a los ingleses. "Todavía se siente el viento que dejó su estela", dicen los turistas.

* Véase "Pepe Cipriani, el más veloz" en el primer volumen de *Buenos Aires es leyenda*.

¿Qué ocurrirá con la leyenda de Maradona en el futuro? ¿Cuánto la deformará el de boca en boca con el paso de las generaciones? ¿Se exagerarán sus logros hasta el absurdo? ¿Su identidad se confundirá con otros futbolistas de leyenda? ¿Podrán Maradona y Pelé terminar siendo la misma persona? ¿Se llegará al punto en el que algunos se pregunten acerca de la existencia real de "Pelusa"?

Si pensamos que no sería descabellado responder con un "sí" a todas estas cuestiones, sobre todo a la última, entonces tampoco sería descabellado pensar que, tal vez, quien haya sido Franco Pelosi, si es que ése era su verdadero nombre, no nació en los años cincuenta, sino mucho antes; y que además fue una estrella de los comienzos del fútbol argentino. El paso de los años terminaría confundiendo los detalles de su historia, hasta el punto de dudar de su propia existencia.

Que algo así haya sucedido parece un poco improbable dada la documentación existente acerca de los inicios de nuestro fútbol. Pero el de boca en boca, la imaginación porteña, siempre se las arregla para hacer de las suyas. ¿Acaso no se tomó siempre como un hecho el que Rattín, luego de ser expulsado, se sentase sobre la alfombra real, en aquel histórico partido con Inglaterra en el Mundial de 1966, cuando no hay pruebas de ninguna clase de que así haya sido?*

---

* En la mítica filmación de aquel cotejo se observa que Rattín, después de ser expulsado, camina hacia una de las esquinas del campo de juego, toma entre sus manos la bandera inglesa que hacía de banderín del córner, y la retuerce. Luego sigue su camino fuera de la cancha. Y no se ve que se siente en ninguna alfombra.

"Pelosi es el Carlovich porteño. Es que ustedes, los de Buenos Aires, no pueden ser menos que la gente del interior", sentenció un vecino de Saavedra que hacía diez años había llegado de Rosario, provincia de Santa Fe. Y su observación es más que acertada.

La leyenda de Tomás Felipe Carlovich también tiene muchos puntos de contacto con la del diez de Saavedra.

"El Trinche", tal su sobrenombre, nació un 20 de abril de 1949. Su padre, Mario Carlovich, era extranjero, pero provenía de tierras más lejanas que las uruguayas. Mario era yugoslavo. Ganándose la vida como plomero, armó su familia en el barrio Belgrano de Rosario. Su séptimo hijo fue "Tomasito", quien no se convirtió en lobizón, pero si en otra clase de leyenda, la del "futbolista más maravilloso", como lo habría definido en cierta ocasión el actual entrenador de nuestra selección, José Néstor Pekerman.

En Rosario dicen que cuando "el Trinche" nació estaba enroscado en el cordón umbilical, pero que con un firulete de sus piernas se desenroscó solo y hasta se la dejó fácil a la partera: con un toquecito de su diminuto empeine le acomodó en el pecho el lugar del cordón donde debía hacer el corte.

Tomás Carlovich ya mostraba su magia en los potreros de barrio Belgrano, donde fue visto por gente de Rosario Central quienes no dudaron en llevarlo al club. Allí, en la institución de la que era hincha, hizo las inferiores y hasta llegó a jugar un partido en primera, que habría sido contra Los Andes[*].

---

[*] Algunas versiones aseguran que los partidos en Primera habrían sido dos. Otras, cuatro.

Sin embargo, "el Trinche" presintió que no había lugar para él en aquel equipo, y se fue a otro tradicional club de Rosario, Central Córdoba.

Su trayectoria lo llevó a otros clubes como Independiente Rivadavia de Mendoza, Deportivo Maipú, también de Mendoza, y Colón de Santa Fe; pero sería en el ya nombrado Central Córdoba, en la década del 70, donde Carlovich, a fuerza de caños y gambetas, armaría su leyenda.

Como sucede con Pelosi, los que vieron jugar a Carlovich recuerdan este o aquel cotejo en el que el crack hizo maravillas. O locuras.

Se cuenta, por ejemplo, que en cierto partido se hizo expulsar en el primer tiempo para poder regresar a su amado Rosario. Si jugaba los dos tiempos enteros perdía el micro.

Pero el partido que citan todos se jugó el 17 de abril de 1974.

La Selección Argentina buscaba su puesta a punto para el inminente Mundial de Alemania. Decidió, entonces, jugar un partido amistoso con un combinado rosarino. Dicen que aquel combinado se armó a los apurones, y terminó conformado por cinco jugadores de Rosario Central, cinco de Newell's, y uno de Central Córdoba... sí, Carlovich. La Selección Mayor llegó con Brindisi, Houseman y muchas otras figuras a lo que, supusieron, sería casi un entrenamiento. Pero no contaban con Carlovich. "El Trinche" se cansó de meter tacos, caños, sombreros y rabonas. Fue tal el despliegue de este desconocido jugador de un equipo de la "C" (Central Córdoba competía en esa divisional), desaliñado, de pelo largo, mostachos y barba, que hubo una persona que se acercó, en el entretiempo, al vestuario de los rosarinos (algunos dicen que fue el mismo Vladislao Cap, entrenador de la Selección) y les suplicó que el segundo tiempo lo jugaran a media máquina.

Pero no hubo caso. Ante el asombro de todos, ganaron los rosarinos 3 a 1.

Aquél fue el Partido de Carlovich.

Carlos Timoteo Griguol, quien fue el técnico de aquel combinado, disparó la leyenda de "el Trinche" a las nubes con las siguientes palabras:

"Carlovich tenía condiciones técnicas únicas, maravillosas. Era dueño de una habilidad muy difícil de explicar con palabras. Es como si al enfrentarlo, al marcarlo, el tipo desapareciera por cualquier lado llevándose la pelota con él. Es imposible, por eso, compararlo con cualquier jugador de este tiempo".

Y por si lo de Griguol no alcanzara, el mismo Maradona, al poco tiempo de llegar a Rosario para jugar en Newell's, le habría dicho a un periodista lo siguiente:

"Yo creía que era el mejor del mundo, hasta que llegué a Rosario. Aquí, muchos grandes ex jugadores a los que respeto, me aseguraron que un tal Carlovich era mejor que yo".

Sin embargo, tal cual sucede con Franco Pelosi, a pesar de la historia, de los testimonios, todavía queda gente que no cree en Carlovich, gente que asegura que ni siquiera existió, que es un invento.

Viendo las coincidencias que guardan ambas leyendas, no podemos descartar la posibilidad de que algún rosarino haya llegado al barrio porteño de Saavedra con sus valijas y sus historias; y que entre ellas estuviera la de Carlovich. El recién llegado en algún momento contaría las increíbles hazañas de aquel que fue mejor que Maradona, para que, poco a poco, la gente de Saavedra termine adueñándose de ellas. Alguien le cambiaría el nombre al crack por el de Franco Pelosi y lo haría jugar en Platense. Otro dato que pudo haber modificado el de boca en boca sería la causa de su falta de fama: Carlovich no fue nunca tapa de *El Gráfico* gracias a su bohemia. "El Trinche" nunca quiso llegar a un club grande que lo mantuviera lejos de su hogar y que encima lo obligara a entrenar. En cambio, lo de Pelosi fue más trágico (tal vez la gente de Saavedra, los narradores, gusten de la tragedia en sus relatos populares). La muerte de la madre de Franco habría ocasionado el alejamiento de su estrellato.

Las siguientes palabras, que pertenecerían al mismísimo "Trinche", reflejan cómo el implacable mecanismo que se oculta tras el de boca en boca, no es sólo cosa de Buenos Aires:

"En Rosario han inventado un montón de cosas acerca de mí. A la gente de aquí le gusta contar historias. Algún caño de ida y vuelta habré hecho, pero no es para tanto".

Quizá Pelosi y Carlovich no existan, pero de ser así, el caño lo hicieron igualmente, un caño de ida y vuelta a la realidad.

Floresta

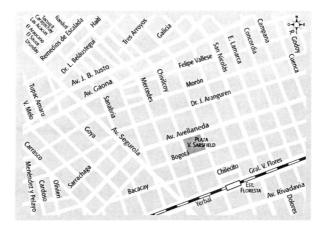

Suele decirse que utilizamos sólo un 10% de nuestra capacidad cerebral. Aunque esta afirmación sea más un símbolo que una verdad científica*, ese 90% de materia gris a la que supuestamente no tenemos acceso, esa tierra de nadie (o de unos pocos elegidos), ha sido sembrada con poderes sobrenaturales, teorías pseudocientíficas y demás especulaciones, creándose así un escenario harto favorable para el anidamiento de mitos y leyendas.

—Lo que les voy a mostrar, no lo van a poder creer —nos decía Eber, el dueño de un quiosquito sobre la calle Aranguren, mientras caminábamos hacia su casa. Eber nos había hecho esperar hasta que llegara su suegro y se hiciera cargo del negocio.

---

* En realidad, no se sabe con certeza cómo se originó el llamado "mito del 10%". Albert Einstein, William James, Pierre Flourens, son algunas de las personalidades a las que se les adjudica, de una o de otra manera, la creación de este supuesto axioma. Pero es el psicólogo y neurocientífico Kart Lashley quien parece estar más cerca de consagrarse como hacedor del mito. Entre 1920 y 1930, Lashley experimentó con ratas para conocer la ubicación de los recuerdos, y en uno de sus informes habría reportado que, en algunos casos, hasta con el 90% de la masa cerebral perdida, la rata podía recordar el camino de salida de un laberinto.

Era éste, el quiosquero, nuestra última parada en la investigación que llevábamos a cabo en Floresta, investigación que habíamos empezado días atrás cuando decidimos rastrear cierto rumor acerca de un muchacho que *movía las cosas con la mente*.

Los primeros testimonios de los vecinos no habían resultado nada alentadores:

MANUEL P.: "Yo nací en este barrio y jamás se habló de un loco semejante".

JOSEFINA R.: "Nunca escuché nada parecido, y menos en Floresta que es un barrio tranquilísimo".

MARTÍN B.: "Yo conozco, fuera de este barrio, algunos «pesaditos» que, si bien no hacen volar cosas con la cabeza, pueden volarte la cabeza de un tiro".

Pero afortunadamente, para iluminar las tinieblas de semejante panorama, nos encontramos con la primera pista.

—El tipo que nos puso el cable —nos dijo un joven que no quiso identificarse—, el tipo ése se lo contó a mi vieja. Era algo así, algo acerca de un pibe con poderes.

El joven no sabía nada con respecto al "tipo del cable", salvo eso, que se dedicaba a "enganchar" televisión por cable; pero estaba seguro de que su "vieja" guardaba algún teléfono de aquel hombre. Le prestamos, entonces, un celular para que llamara a su casa. Una vez más, la fortuna estuvo de nuestro lado: la madre del muchacho no había salido. Le pasó el dato a su hijo, y él a nosotros. Le dimos las gracias y, sin decir una palabra, el joven se fue corriendo y desapareció al doblar la esquina, como si hubiera existido sólo para brindarnos aquella primera pista.

Don Pablo (así había agendado la mujer al "tipo del cable") también estaba en casa (¿la fortuna una vez más?), y no tuvo ningún inconveniente en recibirnos en persona para conversar acerca del "pibe con poderes".

Ya sentados frente a don Pablo, el hombre acusó tener sesenta y seis años. Así parecían demostrarlo las arrugas de su cara y las canas que dominaban su cabeza, sus cejas y su bigote. Según sus palabras, durante cuarenta de esos sesenta y seis años, pudo ganarse la vida como electricista; pero ahora, antes la escasez de trabajo, se había visto obligado a "salvarse" con la "changa" del cable clandestino.

—Pasó hace mucho tiempo, pero de ese guacho no me olvido más —nos dijo luego de traer un plato con bizcochitos para acompañar el mate—. Siempre que iba a aquella casa a arreglar algo, me volvía loco. Me apagaba y me prendía las luces, todo el tiempo. Al principio pensé que eran problemas con la tensión, pero cuando me sucedió por tercera vez sospeché que algo raro estaba pasando.

Don Pablo hablaba gesticulando con sus manos grandes y bien cuidadas, manos que no parecían las de un electricista. Estaba terminando de tomar un mate, y como si el sonido que hizo la bombilla se hubiera tratado de una de las trompetas del Apocalipsis, el rostro del hombre se ensombreció, hasta sus canas parecieron apagarse un poco; y con una nueva voz, una voz rasposa, nos dijo:

—La siguiente vez que fui, la cuarta, lo vi. Yo estaba agachado, rompiendo una pared, buscando un cortocircuito. La puerta de la habitación se abrió y entró una silla de ruedas. Encima de ella estaba aquel demonio: la cabeza rapada, una cicatriz en la frente, muy flaco, los ojos idos como si estuviera drogado. No tendría más de veinte años —don Pablo seguía cebándonos mate. La yerba parecía más amarga que al principio—. La bombita que colgaba del techo se empezó a apagar y a prender, a apagar y a prender, y de repente brotaron chispas de la pared donde yo estaba laburando. Me alejé del chisporroteo. El lisiado atravesó la habitación hasta la otra puerta. El brazo le temblaba como si tuviera voluntad propia. Aun así pudo tomar el picaporte y hacerlo girar. Cuando se fue, la puerta se cerró con un golpe. El chisporroteo paró, y la lamparita del techo estalló.

El hombre se quedó en silencio por un instante y observó la lamparita que colgaba sobre nosotros, como si temiera que aquélla también estallara. Luego bajó la vista y nos acercó el plato con bizcochitos. Estaban húmedos, como si los hubieran mojado.

—¿Aquella fue la última vez que estuvo en esa casa? —preguntamos.

—Fui una vez más. Andaba corto de plata y no pude decir que no. Mientras trabajaba con una térmica me saltó una chispa. Justo en el ojo. Fue demasiado. No aparecí más. Todavía tengo la marca de aquel chispazo de mierda.

Don Pablo se entreabrió el ojo derecho con el pulgar y el índice. En la esclerótica (parte blanca del globo ocular) tenía una marca roja, en forma de cruz, como si le hubieran apoyado un pequeño crucifijo al rojo vivo. Aunque bien podría tratarse de un simple derrame.

—El loco me dejó su marca —sentenció—. Me la dejó acá —se señaló el ojo—, y acá —se señaló la cabeza—. No puedo sacármelo del bocho.

Otro mate. Otra succión llevada al límite, hasta arrancarle a la bombilla aquel sonido de fritura. Otra trompeta apocalíptica. Si la anterior había marcado la aparición del demonio, la rotura de las cadenas que lo mantenían oculto; ésta debería anunciar su deceso, su destino último, su fin. Y así fue.

—Hace como veinte años que el inválido murió —dijo don Pablo—. Son pocos los que se acuerdan de él en el barrio. Y encima esos pocos empezaron a decir pavadas, que el loco todavía anda suelto, que va por ahí moviendo cosas con la mente. Lo convirtieron en una especie de mito. Pero yo sé que murió: tuvo un derrame cerebral. Vi cuando lo sacaban de la casa. Tenía los ojos reventados.

Antes de irnos le preguntamos si recordaba la ubicación de aquella casa. Nos dijo que la encontraríamos sobre la calle Remedios de Escalada, antes de llegar a Mercedes.

—Está abandonada —nos comentó—, pero aún guarda una marca del demonio que la habitó. Delante de la fachada hay una canilla en una posición imposible: el grifo mira hacia abajo y la boca hacia arriba, al revés que cualquiera que hayan visto. El tipo doblaba el metal como si fuera papel.

Nos dijo también que no recordaba el nombre del sujeto:

—Quizás hubo un tiempo en el que sí lo sabía, pero él se encargó de borrármelo de la memoria.

Sin saber si esto último lo había dicho en serio o en chiste, dejamos a don Pablo con sus bizcochitos húmedos y su mate amargo.

Las palabras del hombre nos habían dado la impresión de ser honestas, palabras que reflejaban una verdad: la verdad en la que creía don Pablo, pues los acontecimientos de su relato podían ser explicados sin tener que recurrir a la presencia de poderes mentales.

Como bien dijo él mismo, la "misteriosa" oscilación de las luces pudo haber estado relacionada con problemas en la tensión eléctrica. Y los chispazos, bueno... ¿a qué electricista no le saltó alguna vez una chispa en el ojo? Tal vez don Pablo le adjudicaba a un simple hombre postrado la responsabilidad de ciertos caprichos eléctricos que se le iban de las manos. Mejor hablar de poderes psíquicos antes que reconocer la propia falta de capacidad. Tal vez.

Remedios de Escalada, casi Mercedes. La casa abandonada. No era una casa muy vieja. Entre la reja cuadriculada y el frente, había un pequeño jardín. Lo dominaban largos pastos que hacía tiempo nadie cortaba. Allí, contra la pared de la izquierda, apenas asomando sobre los yuyos, estaba la canilla. Al revés, mirando al cielo.

Su existencia no probaba nada. Podríamos encontrar muchas explicaciones para la posición que había adoptado.

Pero ahí estaba.

Y como si se tratara de agua, la voz de don Pablo parecía brotar de su interior:

El tipo doblaba el metal como si fuera papel.

Decidimos volver al torrente sanguíneo de Floresta, a las personas que van y vienen por sus calles, por sus arterias. Aunque viendo la cantidad de flores y plantas que, en honor a su nombre, visten el barrio desde aceras, balcones y terrazas, deberíamos pensar en el conjunto de los que caminan por su asfalto ya no como una corriente de sangre, sino como un flujo de clorofila, haciendo de Floresta no una criatura de carne, sino una planta, un vegetal enorme cuyas raíces se entierran en un pasado oscuro, recóndito, profundo.

Esta vez nos fue mejor que al comienzo de la investigación. Aunque nuevamente nos costó dar con gente que hubiera escuchado algo con respecto al mito que perseguíamos; cuando aparecieron, sus testimonios valieron la pena:

PABLO. G.: "Dicen que sigue suelto por el barrio, que cuando te pasa eso de que dejás una cosa en un lugar y aparece en otro, fue el loco que la movió con la mente. Dicen que así se divierte".

RODOLFO N.: "Una vez un tipo en un bar me dijo que si veía una casa con un tronco en la puerta, y el tronco estaba marcado con dos rayas de pintura blanca, que ni se me ocurra pasar por adelante, que ésa es la casa del hombre con poderes mentales, que me puede dejar ciego si quiere. Después me comentaron la misma pavada pero con una casa que tenía una canilla de la que salía sangre. Se dicen muchas de esas cosas, pero no te las podés tomar en serio".

FERNANDO B.: "Mi viejo cuenta que cierta noche, cuando él era chico, el tipo ése mató a una persona. Dice que el trastornado se paró frente a una casa, y con sus poderes hizo que la enredadera que subía por la pared se metiera por una ventana y estrangulara al que vivía ahí. Pero ojo, porque mi viejo tiene mucha imaginación, y suele inventarse la mayor parte de las historias que cuenta".

Parecía una bola de nieve creciendo a medida que rodaba: aunque contados con los dedos de la mano, cada testimonio relacionado con la leyenda urbana dotaba a nuestro "mentalista" de facultades cada vez más poderosas y dañinas; de mover objetos a causar ceguera, y luego directamente al asesinato.

A pesar de nuestro asombro, aún no habíamos llegado al final, la bola de nieve seguiría rodando, creciendo y creciendo.

Los rumores que recorren Floresta no son los primeros en reflejar una historia relacionada con la telequinesis* en nuestro país.

---

* Desplazamiento de objetos sin causa física, motivada por una fuerza psíquica o mental (*Diccionario de la Real Academia Española*).

El 25 de febrero de 2004 una piedra rompió un vidrio en la casa de la familia Venier, ubicada en la calle Guillermo Marconi 1821, en Río Tercero, provincia de Córdoba. Aquello fue sólo el comienzo de una tormenta de piedras que se desató sobre la vivienda durante los meses siguientes. ¿Quién o quiénes lanzaban los proyectiles, y por qué? El grupo de policías (cuyos miembros sumaban dieciséis, según algunas crónicas) que se apostaron tanto en las inmediaciones como en el interior de la casa, no lograron identificar ningún autor del hecho; hasta hubo oficiales que quedaron desconcertados por las imposibles trayectorias que trazaban las piedras en el aire.

Así fue como a la falta de una respuesta ordinaria se optó por una extraordinaria. La responsabilidad recayó sobre Andrés, el hijo adolescente de Mónica Hernandorena y Oscar Venier, quien habría desarrollado la facultad de mover objetos con la mente. Y a pesar del "yo no soy" de Andrés, los psicólogos señalaron que el joven podía llegar a producir el fenómeno sin tener conciencia de él.

De esta manera se le otorgaba a la historia, ya con síntomas de leyenda urbana, una coraza que la hacía prácticamente indestructible, un círculo vicioso del que no había escapatoria: si Andrés aceptaba su fabulosa condición, la historia quedaba sustentada; si de lo contrario, como era el caso, la negaba, entonces se dice que es posible que Andrés no sea consciente de lo que hace, y la historia vuelve a sustentarse. Esta clase de mutación narrativa en donde la historia siempre gana, es muy común en el universo de los mitos, y volveremos a ella en nuestro apéndice: "Breve guía para identificar un mito urbano".

Con respecto al caso de los Venier, se habló de fraude, de confusión, de delirio y, por supuesto, se siguió hablando de telequinesis; pero jamás fue aclarado de manera concluyente. Y así debe ocurrir con todo mito que se precie: sobrevive en el limbo de la incertidumbre, sea una historia de Río Tercero o una de Floresta.

Retornemos pues a esta última, a Floresta, a los rumores que nos habían llevado a explorar sus calles coloridas.

Fernando B., el muchacho que nos había relatado lo del asesinato con la enredadera (historia que, nos aseguró, le había contado su padre) nos terminó dando un dato más:

—Deben ir a lo del Eber. Tiene un quiosquito en Aranguren, yendo hacia la estación. Él siempre dice que no vende nada, que va a cerrar el boliche, pero nunca lo cierra. El Eber y mi viejo se criaron juntos. El tipo es mil veces más versero que mi viejo. Como decimos en el barrio: siempre tiene una de cowboy para contarte. Si vos viste un choque de autos, él vio cómo un helicóptero se pegó de frente contra un avión, y cómo la hélice del helicóptero salió despedida y le cortó la cabeza a un delfín que saltaba justo para hacer una acrobacia, a un mimo que hacía un show cerca del Mundo Marino, y a un caniche. Es una mentira andando, el Eber. Pero miente como él solo: no podés dejar de escucharlo. Seguro que la historia de la enredadera se la contó él a mi viejo, y debe tener guardadas muchas más de ese loquito poderoso.

Antes de ir a buscar "al Eber", visitamos la biblioteca Hilario Ascasubi. Acechado por pasajes y cortadas, el pequeño recinto ofrece una cálida atmósfera para la lectura.

Allí hurgamos en viejas crónicas del barrio, así como en obras dedicadas enteramente a su territorio y a su gente.

Nada. Ninguna historia, ningún comentario, ninguna nota al pie que pudiera referirse a alguien con poderes mentales.

Fernando estuvo en lo cierto: no podíamos dejar de escuchar al quiosquero. El hombre sabía cómo empezar una historia, fuera verdadera o falsa.

—Lo que les voy a mostrar no lo van a poder creer —nos había dicho, atrapándonos definitivamente.

Queríamos saber qué era eso tan especial que atesoraba Eber en su casa. Hacia ella íbamos.

En el camino nos demostró que el muchacho también había acertado en eso de que tenía mucho para decir acerca de nuestro hombre de leyenda, de nuestro prodigio. La bola de nieve volvía a girar, a crecer.

—A ese Pablo no lo conozco —nos dijo Eber luego de comentarle nuestra entrevista con el ex electricista—, pero yo les puedo asegurar que Zeus está vivito y coleando. No sufrió ningún derrame, todo lo contrario, él se los provoca a los demás.

"Zeus", al fin un nombre para nuestra criatura. Eber nos dijo que así lo llamaban algunos, pero que su verdadero nombre había sido borrado por el mismo Zeus de todas las mentes que alguna vez lo supieron.

Aquí teníamos un punto de contacto con la versión de don Pablo, algo así nos había dicho entre un mate y otro.

La gente suele ponerle nombre a aquello que no lo tiene. Podemos decir que es una mutación que favorece a que la historia en cuestión sobreviva en la jungla urbana: nos resulta más fácil recordar un nombre como Zeus que una jerigonza como "el hombre que tiene poderes mentales".

Ahora bien, el nombre podría haberlo inventado el propio Eber, vistiendo así a su historia con más elegancia, haciéndola más atractiva.

El quiosquero continuaba hablando mientras cruzábamos una plaza. Su hogar se encontraba trasponiendo los límites de Floresta.

—Y como la de la enredadera hay un montón de historias. Zeus es poderoso. Y cuando digo poderoso quiero decir p-o-d-e-r-o-s-o; otra que apagar y prender lucecitas. Escúchenme bien: el tipo, si quiere, puede cambiar la realidad. Por ejemplo, puede hacer desaparecer ese árbol —Eber, sin dejar de caminar, nos señaló un pino de la plaza que ya estábamos dejando.

La bola de nieve comenzaba a tener dimensiones monumentales.

—¿Cambia la realidad haciendo desaparecer cosas? —preguntamos.

—Sí, porque también las hace desaparecer de la mente de cada uno. Si ese árbol se esfuma por la voluntad de Zeus, será como si nunca hubiera existido. Es ése el punto culminante de su poder: modifica la realidad a su gusto. Y nadie puede hacer nada, porque no notamos los cambios, porque nuestra mente cambia con ellos.

Nuestras caras debieron expresar muy bien lo que pensábamos de esta última revelación, porque Eber dijo inmediatamente:

—Yo tampoco podía creerlo, resultaba demasiado terrible para ser... real.

El quiosquero sacó unas llaves del bolsillo, señal de que estábamos llegando a destino. Y así fue: a la mitad de aquella cuadra, la tercera desde la plaza, nos detuvimos. Eber metió la llave en una gran puerta de vidrios amarillos y rejas negras.

La casa resultó más chica de lo que prometía aquel pórtico. De una cosa no cabían dudas: era la casa de un quiosquero. Había golosinas por todas partes: arriba de la mesa, de las sillas, arriba del televisor. Había cajas de alfajores desparramadas por el suelo.

Apartando con el pie unos alfajores que se habían salido de su caja, Eber nos abrió paso a un cuarto. Era un dormitorio pequeño. Arriba de la cama había más golosinas.

El quiosquero se subió a un banquito, y del estante superior de un ropero extrajo un recipiente tubular de plástico.

—Yo tampoco podía creerlo —repitió—, hasta que vi esto.

Sacó entonces lo que había dentro del tubo. Era una tela enrollada. Eber la desplegó. Era un mapa, un mapa de la Capital Federal.

—Mírenlo con atención —nos dijo apoyando el mapa sobre la cama luego de despejarla de golosinas.

Y así lo hicimos.

Era un mapa de buen tamaño, como de esos que se cuelgan en las aulas escolares. Parecía tener todos los detalles que uno espera hallar en un buen mapa: calles, avenidas, pasajes, espacios verdes, red de subtes, de trenes... sin embargo había algo extraño, algo en la totalidad de la trama urbana, algo que estaba mal, que nos decía que aquella figura, aquel universo porteño, no era exactamente igual al que tantas veces habíamos visto en infinidad de otros mapas.

Pero ese algo se nos escabullía. Sabíamos que se encontraba ahí, delante de nosotros, pero no podíamos identificarlo.

Entonces Eber nos iluminó con una sola palabra:

—Floresta —dijo, y sólo eso bastó para que lo descubriéramos.

No estaba. Floresta, sus calles, sus plazas, el barrio entero, no aparecía en el mapa. En el Buenos Aires que se mostraba en aquel lienzo, los barrios se ubicaban desviándose levemente de la realidad, de manera tal que cubrían el "agujero" dejado por Floresta.

¿Quién haría un mapa así? ¿Para qué?

Eber tenía la respuesta:

—Zeus inventó Floresta. El barrio no existía y él lo creó de la nada. Y también modificó la mente de todos, para que tomemos a Floresta como un barrio más, un barrio con historia.

Le dijimos que el pasado de Floresta estaba documentado, que muchos historiadores porteños coincidían en que sus orígenes se hallaban en el "Quiosco de La Floresta"*.

—Todo creación de Zeus —respondió Eber—. ¿No lo entienden? No sólo creó físicamente el barrio, sino que le inventó una historia, un pasado, y nos lo metió a todos en la cabeza. Antes Buenos Aires era así, como en este mapa que les muestro, sin Floresta. El tipo cambió la realidad.

---

* Establecimiento que data de la segunda mitad del siglo XIX, el cual ofrecía a los viajantes del tren que llegaba desde la zona céntrica de la ciudad (su recorrido comenzaba en el sitio que hoy ocupa el Teatro Colón) muchos más servicios que los de un "quiosco" actual: una mezcla de bar, restaurante y cabaret latía dentro de este local propiedad de un señor llamado Soldati.

Más allá de lo extrañas que resultaban, había un punto flojo en las ideas del quiosquero, y se lo hicimos saber:

—Pero si lo que nos dice es verdad, ¿cómo es que este mapa *sin Floresta* no fue eliminado?, ¿cómo resistió el cambio de realidad?

Eber nos miraba en silencio. Nosotros continuamos el ataque:

—¿Y su mente, Eber? ¿Qué pasó con su propia mente? ¿No fue modificada con la de toda la gente? ¿No fue modificada para que no recordara nada de todo esto que nos está contando?

—Zeus tenía un hermano —dijo el quiosquero—. Eran gemelos. Compartían el poder mental. Pero eran el ying y el yang: Zeus era malo y siniestro, su hermano todo lo contrario. No podían existir los dos juntos en el mundo, menos en un mismo barrio. Era uno o el otro. Lucharon mente contra mente. Ganó Zeus. Pero su hermano, antes de desaparecer, consiguió dejar algunas pistas, consiguió proteger ciertas partes de la realidad para que nunca puedan ser cambiadas, destruidas. El mapa que les estoy mostrando es una de ellas. Hay otras, no muchas, pero ahí están. Hay documentos históricos, libros del barrio, que guardan algunas. Sólo hay que buscarlas y ser buen observador.

Eber tomó un chocolatín que había permanecido encima del cubrecama, lo desenvolvió y se lo comió. Y como si aquella golosina le hubiera dado valor para entregarnos su última revelación, dijo:

—Yo conocí al hermano de Zeus. Era mi mejor amigo. Él hizo que mi mente no pudiera ser manipulada. Es por eso que sé todas estas cosas.

—¿Y nosotros? ¿Cómo es que todavía Zeus no nos borró de la mente todo lo que usted nos está diciendo?

—Tal vez quiera que sepan la verdad. Tal vez desee quedar inmortalizado en el libro que van a escribir.

A pesar de las insólitas afirmaciones que nos había confiado, volvíamos a corroborarlo: Eber era un gran contador de historias. No sólo había conseguido mantener nuestra atención atrapada todo el tiempo, sino que había salvado, con gran cintura, cada una de las cuestiones que le planteamos.

Y como todo artista de la narración, nos entregó un final digno, la pincelada definitiva, la frutilla del postre:

—Hay ocasiones en las que me dejo llevar por una idea muy loca —lo dijo como si todo lo que nos había estado diciendo no tuviera nada de loco—. Imagínense que el de Floresta no fuera el único caso, que cada barrio tuviera su Zeus, como si se trataran de una especie de deidades locales, las habría malas y buenas, cada una operando dentro de los límites de su propio barrio; las buenas utilizarían sus poderes para salvaguardar a su gente, para atender sus plegarias, para mantener la justicia en sus calles; en cambio las malas, como Zeus, someterían al barrio a sus caprichos, a sus juegos mentales.

El show había terminado. Sólo faltaron los títulos del final. Le dimos la mano a Eber, como quien aplaude al terminar la película.

De luces que se prenden y se apagan, a una especie de Olimpo porteño: el tamaño de la bola de nieve mitológica había superado nuestras más osadas expectativas.

Antes de despedirnos de Floresta, nos sentamos en un bar para revisar con un poco más de detenimiento las copias de los documentos barriales que habíamos consultado.

Volvimos a repasar datos históricos, la mayoría relacionados con el ferrocarril, la estación y el antiguo "Quiosco de la Floresta". Y entonces nuestros ojos se detuvieron en un fragmento que nos hizo recordar las palabras pronunciadas por Eber, aquello acerca de las pistas dejadas por el hermano de Zeus, aquellos trozos de realidad que no pudieron ser modificados por la malvada deidad de Floresta.

El fragmento que habíamos encontrado daba inicio a la breve introducción que abría la obra titulada *El barrio de La Floresta. Reminiscencias de su pasado*, de Emilio Juan Vattuone. Dichas palabras parecían desatender las certezas de algunos escribas con respecto a los orígenes del barrio, pues rezaban lo siguiente:

Sería dable a comprobar que el pasado de La Floresta permanece casi desconocido.

Y como si un fragmento hubiera llamado a otro, descubrimos con rapidez un nuevo pasaje que reflejaba la misma incertidumbre, aunque esta vez referida puntualmente a la denominación del barrio:

Todavía no ha podido establecerse fehacientemente el origen del nombre del paraje.

Este segundo párrafo lo rescatamos de la obra *Guía antigua del oeste porteño*, de Hugo Ricardo Corradi.

Ambos fragmentos podrían identificarse como parte de aquellas "pistas" ocultas de las que había hablado Eber, fragmentos que parecían reflejar un origen barrial incierto.

¿Pero alcanza esa probabilidad para darle crédito a algunas de las revelaciones del quiosquero?

Eso queda a criterio de cada uno... si es que nadie maneja nuestro criterio a su antojo.

¿Podrá el cerebro comprender al cerebro?

Algunos dicen que es una paradoja que jamás se resolverá, que es como si alguien quisiera alzarse en el aire tirando de los cordones de sus propios zapatos.

Otros, en cambio, como el científico David H. Hubel, son optimistas:

El cerebro es un tejido. Un tejido complicado, de urdimbre intrincada, que no se parece a nada de lo que conocemos en el universo, pero está compuesto por células, como lo está cualquier tejido. Se trata, desde luego, de células muy especializadas, pero funcionan siguiendo las leyes que rigen a todas las demás células. Sus señales eléctricas y químicas pueden detectarse, registrarse e interpretarse, y sus sustancias químicas identificarse; las conexiones que constituyen la urdimbre de fieltro del cerebro pueden cartografiarse. En pocas palabras, el cerebro puede ser objeto de estudio, al igual que puede serlo el riñón.*

Lo logremos o no, la duda permanecerá: ¿Existen otras personas que dominan aspectos de la mente que nos son negados a nosotros? Y si es así: ¿Pueden ellos dominar nuestra voluntad, nuestros recuerdos? ¿Pueden llegar incluso a moldear la realidad?

* *El cerebro*, David H. Hubel, *Scientific American*, noviembre de 1979.

La idea se nos puede antojar demasiado osada pero, ¿no les conviene a estos prodigios que así sea, que no creamos en su existencia? ¿No serán ellos mismos los que manipulan nuestras mentes para que seamos incrédulos, para que puedan seguir manejando el mundo a su conveniencia?

Otra paradoja, otro callejón sin salida en el barrio de la conciencia humana.

Dicen que el mejor engaño del Diablo fue hacerle creer al mundo que Él no existía. ¿El mejor engaño del Diablo y de nadie más?

Agronomía

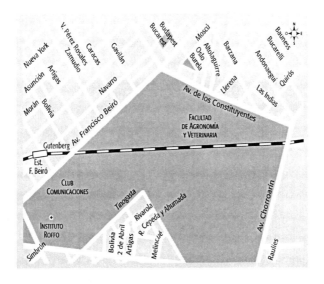

Al despertar de un sueño intranquilo, Camila se encontró en su cama convertida en un manojo de nervios. No se quería mover. Se arrepentía de no haber pasado la noche con su novio Axel. Es que a veces se ponía tan pesado... No entendía que una no quería tener sexo cada vez que se encontraban... O que no era lindo que le llenara la cabeza con sus cuentos terroríficos. Igual, ahora sentía que lo necesitaba.

No recordaba qué había soñado, aunque lo intuía.

Algo le decía en su interior que no debía salir.

Pero tenía que ir a la facu, no podía defraudar a sus padres, ni a ella misma.

Afuera todavía era de noche.

Se duchó y se puso ropa nueva.

Tiritando y con el pelo mojado, abandonó la seguridad del departamento.

Tenía el celu por cualquier cosa. Despertaría a Axel si pasaba algo. Aunque Axel era muy difícil de despertar.

¿A quién llamaría entonces?

Encima, su amiga Raquel no cursaba ese trimestre con ella.

Llegando a Agronomía todas las sombras eran sospechosas.

Se bajó del 111.

Era la única.

Mira hacia atrás. Oye ruidos.

Son pájaros, sí. O grillos que extienden su canto por la oscuridad.

Todavía no amanece.

Camila tiene miedo y tiene frío y otra vez miedo a cada paso.

¿Esos pasos son los suyos?

El portón está cerca. La calle Llerena, aunque horrible, ahora le parece la más hermosa del mundo.

Camila está sola y es invierno.

Las orejas le palpitan. Esa sensación de sentirse observada. De ser la presa inmediata. Se imagina miles de cosas.

Una sombra se acerca.

Camila se lee en los titulares de un diario: Otra víctima del hombre-gato.

Antes de que todo se apague, esa mañana que no es, ese día que será y su vida que pudo ser, ella se pregunta: ¿por qué yo?

Y esa sombra se acerca, es demasiado rápida para ser humana.

Camila reza y aprieta sus carpetas como un escudo salvador.

La sombra le cae encima.

Ya no es una sombra.

En esta leyenda nos topamos con algo que hemos dado en llamar Mito multivariable. Esta particularidad se debe a la increíble cantidad de versiones del mismo mito, que contienen un poderoso rasgo en común: el miedo.

La leyenda del hombre-gato tiene su punto de máxima intensidad en la década de los 80. Toda una generación fue conmovida por este fenómeno.

Decidimos reunir entonces a hombres y mujeres que fueran en su mayoría adolescentes en esos años y los resultados fueron francamente asombrosos. Pudimos presenciar directamente ante nosotros las variaciones del mito. Cómo se moldeaba, mutaba permanentemente, como un fractal.

La cita fue en el bar *Bodegón de Agronomía*, de avenida de los Constituyentes y avenida Francisco Beiró.

Por un instante nos sentimos abrumados, buscando la mejor variante del mito. Las posibilidades eran ilimitadas por lo que optamos en tomar los testimonios más interesantes. Tal es el caso de Galo C., que vivió en el barrio hasta bien entrada su adolescencia, y nos relató con precisión y un llamativo lirismo su propia versión:

"Esto no creció de la noche a la mañana. No solamente había escuchado y visto información en los noticiarios sobre el hombre-gato, sino que había experimentado de cerca su presencia en el ámbito de mi familia.

"Era una fiesta familiar, yo tenía ocho, nueve años y no sé qué festejábamos. Lo que sí tengo grabado en mi memoria es toda la escena a partir de que sonó el teléfono y atendió mi tía. Su cara se transformó, se llevó la mano a la boca y llamó a los gritos a mi tío:

"«Osvaldo, nos tenemos que ir ya mismo», dijo. «¿Pero por qué? ¿Qué pasa?», preguntó mi tío. «Es nuestro vecino Conrado —explicó—, dice que el hombre-gato anda subido por las terrazas del barrio y que pasó por la nuestra. Llamó a la policía pero igual quiero ir para allá, quién sabe lo que puede pasar.»

"Después, me acuerdo los saludos y los besos apurados y las promesas de contar lo sucedido. La cuestión se estaba convirtiendo en algo muy siniestro. Mi razonamiento de niño era: si la tele lo dice y encima los adultos de mi familia lo confirman, no sólo existe sino que también es peligroso.

"Mis temores se incrementaron cuando al poco tiempo vi en el quiosco a la vuelta de casa, en un diario, un identikit del hombre-gato. Aterrador. Sí, creo que es una buena palabra para definirlo.

"Su apariencia era como la de un *heavymetal*, sus manos terminadas en garras y sus ojos, aunque el resto del dibujo era en blanco negro, estaban coloreados de rojizo. Su cuerpo estaba protegido por un material metálico y en la nota no se ponían de acuerdo sobre si estaba sobre su cuerpo o era parte de él. Inclusive, decían que lo habían baleado y que con esa coraza evitaba las balas. Y finalmente, tenía botas. A partir de ese momento, el ruido de botas me obsesionó. Y no sólo a mí, también a mis amigos. Teníamos miedo de los árboles y por acá hay muchos. Ni locos íbamos a Agronomía porque decían que dormía o dormían en ese lugar. Y digo «dormían» porque ya se hablaba de hombres-gatos y no sólo por acá. En otros barrios, incluso en la provincia, los habían visto. Siempre en zonas residenciales y con muchos árboles.

"Esto no me lo voy a olvidar jamás: mi mayor terror fue cuando una noche me fui a dormir a lo de mi abuela. Yo estaba muy cargadito, por no decir otra palabra. Era una noche muy tranquila, de calor y las ventanas estaban abiertas. La pieza en la que debía dormir daba a la calle. Si bien la persiana estaba cerrada, los pocos ruidos de afuera llegaban con nitidez. Tenía la imagen de ese identikit metida en la cabeza. Y la luz del velador prendida. Me dormía de a ratos. Me despertaba por cualquier cosa. Cuando me dormía, soñaba que el hombre-gato estaba subido al techo de la casa de mi abuela. El ruido de un auto y saltaba en la cama. Para tranquilizarme me dije que si todo fuera cierto, habría policías por todas partes. Ya me venía el sueño y entonces... de sólo acordarme se me vuelve a poner la piel de gallina. Pasó lo que más temía: ruido a botas. Eran más de las tres de la mañana en una calle en la que, por la noche, no pasaba nada. Ruido a botas. Y las botas se acercaban. Eran pasos ágiles, no de mujer, de eso estaba y estoy seguro. Cada vez más cerca. "Viene por mí", pensé. Soy su cena o cosas por el estilo. A pesar o por eso mismo, no me podía ni mover. Temblaba y transpiraba, todo junto. Las botas se detuvieron ¡al lado de mi ventana! y escuché una respiración inhumana, muy agitada, a diferencia de la mía que voluntariamente había detenido. En mi silencio, hasta me pareció escuchar deslizarse algo afilado por la pared. Fueron segundos que duraron una eternidad. Ya me veía atravesado por esas garras, esos ojos rojos registrando mi pánico. Para mi suerte, los pasos se alejaron y después dejé de escucharlos. Ahí volví a respirar y me aflojé, tanto que por poco me hice pis encima.

"No niego que mi mente de niño haya magnificado todo, pero sin dudas el tema era serio. ¿De dónde venían? La versión que yo conocía era que venían de Brasil, que formaban parte de una secta."

Pasamos varios meses buscando los posibles orígenes del mito. Y nuestra paciencia rindió sus frutos.

Un ciudadano ilustre vivía en los márgenes de Agronomía. Nos referimos al notable escritor Julio Cortázar, que habitó un departamento en la calle Artigas 3246.

Casi en la misma cuadra vive Mirko, un pintoresco esloveno aficionado a las bebidas fuertes y a contar historias. Y que afirma haber trabado amistad con el escritor.

Entramos en su casa. Nos sentamos en unas sillas desvencijadas y Mirko en un sillón vencido con brazos desgarrados. Dando un vistazo, la casa de Mirko parecía un museo de recuerdos personales. Un museo también venido a menos. Las paredes de ese pequeño comedor exigían una urgente mano de pintura.

Mirko se percató del detalle.

—Desde que mía señora se me fue al otro mundo, no me interesan estas cositas.

Para entrar en conversación preguntamos por el resto de su familia:

—¿Tiene hijos?

—Tengo tres. Pero uno se fue a la Europa. Un hija mía vive en provincia y el otro no viene nunca. Igual, con *Rumen* nos arreglamos.

Mirko dijo algo presumiblemente en esloveno e hizo su entrada el mencionado *Rumen*, un felino algo esmirriado pero de ojos todavía atentos. Ahí comprendimos entre otras cosas, el porqué de los rasguños profundos en el sillón.

Fue en ese momento que aludimos a su supuesta amistad con Julio Cortázar.

Mirko nos miró un momento y luegó se levantó de su sillón. Desapareció unos minutos. Al rato, reapareció con dos portarretratos.

—Éste es el de mía señora, Zaza. Como dicen ustedes, de rechupete, ¿no? Nos conocimos en Ljubljana, en la guerra. Yo era empleado en el gobierno y ella trabajaba en la misma oficina. Tuvimos que irnos por los alemanes. Llegamos a un campo de refugiados en la Italia. De ahí vinimos cuando estaba Perón acá.

El octogenario Mirko sacó una botella de *Slivoviča*, un licor de alto grado de alcohol a base de cerezas, típico de la zona, y nos invitó. Mientras nosotros apenas nos mojamos los labios, el esloveno se empinó un primer vaso como si fuera agua. Después de acomodarse su dentadura postiza, descubrió la otra foto:

—Este otra, con Julito. Mira, hasta tiene su valija de maestro.[*]

Efectivamente, en la foto había un Cortázar joven, muy alto y muy raro, es decir un Cortázar auténtico, y alguien más joven aún, netamente "gringo". La toma en blanco y negro parecía sospechosamente sacada de un diario.

Mirko gesticulaba con sus manos regordetas y rojas y secaba su botella de *Slivoviča*. Y a medida que su nariz iba tomando el mismo color que sus manos, desarrollaba sus teorías y experiencias ante la mirada expectante de su viejo gato *Rumen*.

Contó que tanto él como Cortázar eran afectos a inventar personajes. Mirko le hablaba sobre la guerra y especialmente sobre los nazis y después disparaban palabras al azar. Recordó en especial un fin de semana en que juntaron sus respectivos felinos de entonces y se les pusieron a hablar. El juego se volvió más creativo cuando Cortázar puso música (era fanático del jazz) y Mirko compartió con él su *Slivoviča*. Ésta sería la reconstrucción aproximada de la

---

[*] En esos años y antes de radicarse definivamente en París en 1951, Cortázar oficiaba de maestro rural en Bolívar y Chivilcoy.

tertulia, en esa peculiar manera de hablar arrastrando la erre del gran escritor:

"Ustedes son muy inteligentes. Vos querés hacerme creer que sos un gato pero a través de este lente especial (una vulgar lupa sacada de la biblioteca) te he descubierto. No venís de aquí. Estos pelos no son pelos. Acá se ve muy claro que son antenas mínimas, una pomposa y peluda acumulación de antenas que transmiten, rasgan la cáscara de nuestro espíritu, y llegan al hollejo mismo para descubrir nuestros secretos".

En ese punto, Mirko asegura que él sugiere el nombre de "hombres-gato", e incluso algunos que figuran en libros del escritor.

Sigue Cortázar:

"Son hombres-gato de un mundo yaciente, seres disciplinados y metódicos que leen nuestras mentes para aprovecharse llegado el momento. Los acariciás y tu esencia les queda impregnada en sus pelos-antenas. El ronroneo es como una señal. Avisa que todo está bien y uno, bien merluza, cree que están de lo más felices. Por ahora se hacen los buenos. Sólo por ahora".

Si bien ese fin de semana es el que más recuerda Mirko, los encuentros siguieron.

—Después —insiste—, cuando Julito se fue a París, me habló por teléfono muchas veces. Quería que escribiéramos algo juntos, pero yo de castellano muy poquitito.

Nos despedimos de Mirko y desandando los pasos de Clara, la protagonista del cuento de Cortázar, "Ómnibus", caminamos por Tinogasta y después doblamos por Zamudio para internarnos en el predio de Agronomía propiamente dicho.

Primitivamente propiedad de los jesuitas, ya se la conocía como "Chacra de los Jesuitas". Hacia fines del siglo XVIII, cuando los religiosos fueron expulsados, las tierras pasaron al poder del Estado. Un siglo después, la sostenida expansión agrícola-ganadera dotó a Buenos Aires de lo que se denominaba la Estación Agronómica, que incluía una granja modelo y una Escuela de Agricultura. En 1904, se creó el Instituto Superior de Agronomía y Veterinaria.

Por otra parte, como también la ciudad se expandía dramáticamente, se le encargó al incansable Carlos Thays el trazado del futuro parque atendiendo a la demanda de un espacio verde. El paisajista francés diseñó un gran óvalo con diferentes ramificaciones en el que se balanceaban los espacios académicos y los lugares de esparcimiento. Finalmente, se construyó la estación del tren Urquiza.

Este espacio, concebido como un pulmón de la ciudad, se transformó en un lugar asfixiante y siniestro, sobre todo en los años del Proceso militar, como veremos más adelante.

En el centro cultural que se encuentra en una de las calles internas, denominada Las Casuarinas, nos esperaba Luciano T., uno de sus principales animadores.

—La historia del hombre-gato me pegó en plena adolescencia. Yo era fanático de los *comics*, así que ese personaje me venía perfecto. Incluso recopilaba todo lo que publicaban de él. Lamentablemente, cuando me mudé del barrio, perdí el material. Me olvidé durante mucho tiempo del tema. Sin embargo, después de divorciarme y de regresar al barrio, recordé la leyenda. Empezó a volverse una obsesión. Las historias se me acumularon y decidí investigar por mi propia cuenta.

Así, Luciano nos hizo una visita guiada por el predio. A medida que avanzábamos, agregaba datos a nuestra investigación.

—Ya de entrada me encontré con obstáculos increíbles. Para recabar datos oficiales me fui a las diferentes comisarías de la zona y todos me decían lo mismo: que me dejara de joder con boludeces. Por supuesto, eso me daba más intriga y recurrí al hermano de un amigo que es de la Federal. A él también le costó conseguir información.

Nos sentamos en uno de los bancos de Las Casuarinas y Luciano desplegó una fotocopia. Nos explicó que era parte de un informe policial clasificado. Aquí extractaremos un fragmento que, de ser una invención, suena muy verosímil y bien escrita, tal vez demasiado:

[...] nos apersonamos con el personal policial. El sospechoso se movía a la violenta carrera por entre los techos de las casas circundantes. Le dimos la voz de alto un par de veces. Realicé una serie de disparos de advertencia a modo disuasivo. El NN hizo caso omiso a las advertencias y con un alarde de preparación atlética saltó de la terraza contigua, superó con su salto la superficie de la calle, pasó por nuestras cabezas y el móvil apostado allí y fue a dar contra un árbol. La impresión general fue que había hecho mal el cálculo. Negativo. Se aferró perfectamente y comenzó a subir hasta la copa. Juzgué rápido su intención. Del otro lado, la casa tenía un piso más por lo que el sospechoso era claro en su intención de alcanzar la terraza y darse a la fuga. Si bien mi visión no era perfecta por ser de noche y el sujeto portar ropas oscuras, pude de-

tectar que el individuo extrajo algo de entre sus ropas. Bulto que interpreté como una escopeta de grueso calibre. Ya no dudé y efectué varios disparos, algunos de los cuales dieron en el blanco. Para mi sorpresa y las de mis subordinados, no produjeron el efecto deseado y el sospechoso siguió su escalada. Finalmente dio otro salto y se afirmó en una saliente de la vivienda y desapareció. La explicación lógica es que poseyera algún tipo de vestimenta blindada integral. Ya que por lo menos un proyectil fue directo a una de sus piernas y otro en el pecho. No es tan explicable por el contrario su cualidad atlética. Lo más probable es que la noche ocultara algún cable o elemento similar que permitiera semejante salto.

Luciano se rascó su barba entrecana y desprolija buscando nuestra aprobación. Siguió su tour.

—El asunto se pone mejor, o peor en realidad. A su derecha tenemos la *granjita,* como le dicen los estudiantes de Veterinaria. Ahí podemos encontrar de todo. A mi izquierda, está el edificio donde trabaja el rector de la facultad. Después les comentaré algo al respecto.

Como si fuera un director de orquesta, Luciano empezó a gesticular cada vez más entrando en una especie de *Allegro* de su relato. Llegamos cerca de otro edificio de la facultad, próximo a las vías del Urquiza. Allí pareció controlar sus gestos. Nos señaló una placa en la que se recuerda a "Estudiantes desaparecidos en la facultad durante la intervención del año 76".

¿A dónde nos quería llevar con ese triste recuerdo?

Pasamos la vía, doblamos por otra calle interna y nos

adentramos en la espesura. Pasamos la calle de Las tipas, Aguaribay y, finalmente, por Llerena. Luciano señaló otro edificio, el Instituto de Genética.

—Ahí adentro sigue nuestra historia. Los que les voy a contar dejaría a la altura de un enano al mismísimo Josef Mengele*. No soy original en mencionar las atrocidades cometidas en esos años. Pero por lo que pude averiguar, en esa época acá se experimentaba con los prisioneros.

Por respeto a la memoria de los familiares de los que sufrieron esa página dolorosa de la historia argentina, le exigimos a Luciano que nos dijera a dónde quería llegar.

—Bueno, para ser sintéticos, se quería crear un cuerpo de elite del ejército, que sirviera para todo tipo de combates... y no sólo el urbano. Cuando el régimen cayó, las investigaciones cesaron abruptamente, pero algo se les escapó de las manos. Inventaron el asunto de que eran una secta brasileña, que robaba órganos y toda esa cortina de humo para tapar la verdadera historia.

Luciano se había puesto colorado y sus gestos estaban descontrolados.

—Por supuesto le planteé la cuestión al rector actual y me habló de chapucerías, increíbles chapucerías para difamar el buen nombre de esta institución.

Dejamos a Luciano y sus teorías conspirativas y repasamos otras más racionales, como aquella que decía que varias inmobiliarias habían echado a andar el rumor para que la gente vendiera sus propiedades por valores irrisorios y

---

* Tristemente célebre médico del régimen nazi que experimentaba con prisioneros de campos de concentración para probar su teoría de la superioridad de una determinada raza sobre otra.

comprarlas ellas a su vez. Incluso, se hablaba de que habrían contratado a un trapecista de circo para que hiciera esos imposibles saltos acrobáticos y usara botas, claro.

Tampoco nos llamó la atención la gran cantidad de gatos en el predio y nos acordamos en forma urgente de Cortázar y de Mirko...

Se estaba haciendo tarde. Salimos por el portón de avenida de los Constituyentes no sin antes mirar instintivamente las copas de los árboles.

La sombra se materializa.
Es demasiado grande.
Es el fin.
A Camila se le cae el celular.
Su armadura-carpeta es su último recurso.
Apenas se lance sobre ella, tirará la carpeta y saldrá corriendo.
¡Ahora!
La sombra que ya no es, se derrumba sobre la carpeta.
¡Che, Cami, soy yo, ¿qué hacés?!
¿Axel?
Ahora los rayos del sol que como piolines se descuelgan entre la arboleda de Agronomía dejan ver su cara.
Te quería dar una sorpresa, Cami.
¡Y bien que me la diste, tarado!
Axel y Camila se besan y siguen caminando.

El hombre-gato espera pacientemente. Su leyenda también. El tiempo está de su lado.

Villa del Parque

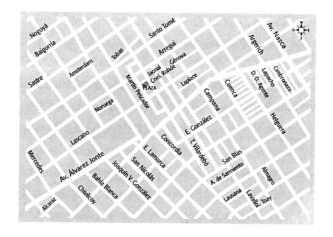

"Yo lo vi con mis propios ojos. Fue hace unos cuantos años, en la agencia de Chicho. Yo no soy timbero, lo había pasado a saludar a Chicho, que en paz descanse, y entonces entró el tipo éste con un número en la mano, un número de esos chiquitos, comunes, de talonario. Era el 212, no me olvido más. El tipo se lo dio a Chicho y le dijo: "Jugámelo a la Provincia". Yo pensé: "Qué gil, llega a salir en la Nacional y se pega un tiro". Chicho le preguntó de dónde había sacado el papelito con el número. El tipo le contó que había ido a la librería, había sacado un número para que lo atendieran pero después se arrepintió, tenía mucha gente adelante; entonces se fue de la librería pero conservó el numerito del turno, y ahí estaba, jugándolo a la quiniela. Le jugó bastante, como cincuenta pesos de ahora. El número salió esa noche, nomás: 212 a la cabeza en Provincia. El loco ése se llevó sus buenos billetes. Después Chicho me dijo que era la segunda vez que se lo hacía, la vez anterior había venido con un boleto de colectivo y le había apostado a los tres últimos números de serie. ¡Y también había ganado!"

El testimonio de Ernesto G., legendario habitante de Villa del Parque, nos presenta a Fortunato, un personaje del barrio que habría recibido ese apodo (pocos recuerdan su verdadero nombre) gracias a su extraordinaria buena fortuna.

Si bien el relato de Ernesto habla de una buena dosis de suerte, dos aciertos consecutivos de esas características no pueden tildarse de imposibles. Suponemos que, aunque no con mucha frecuencia, rachas positivas similares han beneficiado, a lo largo de la historia del juego, a diferentes apostadores. El nuestro no debe tratarse ni del primero ni el último en conseguir semejante hazaña.

Con respecto al detalle de que el número ganador haya coincidido con el turno tomado por Fortunato en un comercio, se trataría justamente de eso, de una simple coincidencia.

Para ilustrar esta última observación, podemos citar el famoso accidente ocurrido, hacia finales de los años cincuenta, en la bahía de Newark, Nueva York, en el que murieron treinta personas al caer un tren desde un puente. Algunos de los periódicos que reflejaron la noticia, mostraron una fotografía en la que se veía claramente el número 932 en el último vagón del tren. Aquel día fueron muchos los que eligieron al 932 para sus apuestas en la lotería de Manhattan. Y bien que hicieron porque fue el número ganador.

¿Guarda este acontecimiento algún significado oculto?

Se han dado muchas respuestas, pero, quizá, la más sencilla siga siendo la que habla de una simple casualidad. Pensemos en la cantidad de fotos que se habrán publicado relacionadas con accidentes de todo tipo, muchas de las cuales habrán exhibido, merced al puro azar, los más variados números, números que habrán sido apostados en la lotería de turno por cientos de personas. ¿Por qué nadie habló jamás de aquellos números? Pues porque ninguno se transformó en la cifra ganadora. Pero era sólo cuestión de tiempo. Tarde o temprano, por la ley de probabilidades, se produciría la coincidencia. Y cuando sucediera todos hablarían de un significado oculto, de un guiño del destino, como ocurrió finalmente con el 932 del accidente de Newark y con el 212 del turno de Fortunato.

Igualmente seguimos sumando testimonios en Villa del Parque, y vimos cómo algunos de ellos comenzaron a desafiar cualquier ley de probabilidades:

FRANCISCO P.: "Fortunato y mi viejo iban siempre juntos al hipódromo de Palermo. Yo era chico, y me acuerdo que mi viejo decía que, además de ganar bastante seguido a las carreras, Fortunato solía encontrarse plata en la calle. Hace mucho que el tipo dejó el barrio, yo tendría unos quince años cuando se fue".

LUISA S.: "No paraba de ganar. Una y otra y otra vez. Decí que antes no existían ni el Loto ni el Quini, que si no hubiera juntado su fortuna mucho más rápido. Me acuerdo que la gente lo tocaba por la calle, para ver si se contagiaban".

Otros, además de hablar de su suerte, aportaron nuevos datos:

LEONOR U.: "Mi abuela contaba que el padre de Fortunato tenía la misma buena suerte. Y parece que era así nomás, porque antes de que Fortunato se fuera empezaron a decir que tenía un gen que no tenía nadie, un gen de la buena suerte que, de ser verdad, lo tuvo que haber heredado".

ARGENTINO P.: "No se cansaban de decirle que tenía que ir a un casino y llenarse de plata, y después vivir como un bacán. Pero él no quería irse, era un tipo de barrio, amaba Villa del Parque, le gustaba mucho caminar por las calles de Fernando Ciarlo*. Eso le gustaba: caminar. Había días que se lo pasaba caminando. Y siempre andaba con su libretita. Algunos decían que escribía poemas y se inspiraba paseando, pero para mí que sacaba cuentas, porque también le gustaban las matemáticas. Al final lo convencieron y se fue. Hizo saltar tres veces la banca de un casino, creo que el de Mar del Plata, y después viajó a Europa".

Aunque también hay escépticos en Villa del Parque:

JULIO I.: "Me suena a invento eso de Fortunato o como se llame, como esos cuentos que los padres les inventan a los hijos".

MARIANA B.: "Lo creó la misma gente. Un tipo habrá tenido muy buena fortuna en el juego o en algún negocio, alguna vez, como le puede pasar a cualquiera, y se enteró todo el barrio; y después sólo hablaban de esa persona cuando volvía a tener buena suerte. ¿Me entienden? Es fácil decir «cuánta fortuna tiene fulano» si sólo nos vamos a acordar de él cuando le suceden cosas buenas".

Este último testimonio vale la pena analizarlo, ya que hace referencia a un mecanismo real de selección inconsciente que, en un momento o en otro, ponemos en marcha la mayoría de nosotros.

Muchas veces creamos, gracias a este mecanismo, un personaje a partir de una persona común y corriente. ¿Por qué? Simplemente porque, muy dentro de nosotros, que-

---

* A pesar de no tener grandes dimensiones, Villa del Parque guarda en su interior un cuarteto de sub-barrios: Villa Sahores, Villa Juncal, Hogar Obrero y, el mencionado en el testimonio, Dr. Fernando Ciarlo, ubicado en la intersección de las calles A. Jonte, T. Vilardebó, Santo Tomé, Arregui y Lascano.

remos que así sea, que un personaje de esas características exista.

Los habitantes de Villa del Parque pudieron, inconscientemente, transformar a un hombre normal en Fortunato. ¿Cómo? Como dice Mariana en su testimonio: un día un hombre tuvo cierta racha de buena suerte, en el juego o en lo que fuera, y a la gente del barrio le resultó simpático hablar del asunto. Así, cuando la suerte volvía a sonreírle a Fortunato la gente lo divulgaba gustosa con comentarios como "viste lo que le pasó, tiene un Dios aparte" o "ese tipo está tocado por la varita mágica", en cambio si el mismo hombre tenía algún contratiempo, primero lo contaban como una rareza: "debe de estar tomando envión para la próxima racha", para luego, pasado un tiempo, olvidarse de lo ocurrido.

Es que al porteño le gustan los personajes, y le gustan por muchas cosas: son queribles, sus hazañas pueden ser contadas una y otra vez, enriquecen la tradición de un barrio. Es por eso que, si no hay personajes, el porteño los inventa.

Un barrio con Fortunato es más interesante que sin él.

Volvamos a otro testimonio que merece nuestra atención, es el de Argentino P.

Más allá de ciertos comentarios que se refieren a buenas cifras de dinero ganadas por un peluquero y unos ex marinos, de quienes nos ocuparemos más adelante, no hallamos ningún registro (oficial, por lo menos) que confirmara una triple derrota de la Banca del casino marplatense en manos de un mismo apostador. Pero lo que sí encontramos fue una célebre historia que hace mención a otro hombre de fortuna, un tal Charles Wells, quien, allá por el año 1891, sí habría hecho cubrir con el paño de luto la mesa de la ruleta* en tres ocasiones. Y nada menos que en el casino de Montecarlo.

Todavía hoy se discute cómo consiguió el señor Wells, de origen inglés y muy gordo, según comentan, concretar semejante milagro. Se habla de diferentes estrategias. Algunos dicen que no apostaba a números individuales sino a rojo y a negro, otros aseguran que siempre ponía sus fichas en números bajos, como si la bolita de la ruleta prefiriera caer sobre ellos. En lo que coinciden la mayoría es en lo sucedido en la última de aquellas increíbles jornadas en la que Wells parecía haber domado al azar: el inglés apostó al cinco y ganó. Tomó sus ganancias y volvió a apostarlas al cinco. Y el cinco salió por segunda vez. Cuando Wells tomó nuevamente todo lo que había ganado y lo dejó apilado sobre el casillero del cinco por tercera vez consecutiva, dicen que la gente le gritaba que no lo hiciera, que era imposible que el cinco volviera a salir. Y el cinco salió una vez más. Y Wells lo hizo una cuarta vez, y dicen que hubo desmayos en la audiencia. Y volvió a ganar. Y lo hizo una quinta, provocando más desvanecimientos y hasta el infarto de un anciano apostador. Y Charles Wells volvió a ganar. Cinco veces cinco. Cinco plenos consecutivos. Increíble**.

* En aquellos días se acostumbraba a tapar la mesa de ruleta con un lienzo negro cuando el fondo fijo de dinero que ésta disponía se agotaba.

** La serie más extensa conocida en lo que respecta a la aparición consecutiva de un número en la ruleta de un casino se registró el 9 de julio de 1959, en el hotel San Juan de Puerto Rico: el 10 salió seis veces seguidas; lástima que no hubo ningún Charles Wells para aprovecharla.

Hay muchas versiones de lo que sucedió con el afortunado inglés luego de su racha inolvidable. Así como se dice que desapareció y nunca más fue visto, también se dice que volvió al casino y perdió todo lo que había ganado. Otros comentarios apuntan a que fue encarcelado por estafador, a pesar de que Wells se habría cansado de afirmar que no había hecho trampa y que tampoco había utilizado sistema alguno.

Los más imaginativos llegaron a decir, años después, que la verdadera identidad de Charles Wells era, ni más ni menos, la de H. G. Wells, el mítico escritor de ciencia-ficción, quien, secretamente, habría hecho realidad el viaje por el tiempo, retrocediendo a 1891, a Montecarlo, para apostar a los números que ya sabía ganadores. Esta aventura terminaría inspirando su posterior novela *La máquina del tiempo*.

Y si de inspiración se trata, la gesta de este caballero inglés hasta inspiró una canción, la famosa *El hombre que hizo saltar la banca de Montecarlo*, y así su leyenda quedó definitivamente eternizada.

Si la hazaña de Charles Wells consiguió iluminar la mente de un compositor de música, ¿no habrá podido también iluminar la mente de otra clase de creador, un creador de historias, de esos que están siempre a la caza de nuevos relatos que conmuevan a su auditorio? ¿Y podría ese creador de historias pertenecer a un colorido barrio de una exótica ciudad de un lejano país? ¿Un barrio como Villa del Parque, tal vez, ubicado en la ciudad de Buenos Aires, Argentina? ¿Por qué no? La historia de un hombre que consiguió hacer saltar tres veces la banca de un casino no es una historia que se escuche todos los días. Como dijimos antes, cualquier barrio quisiera tener un personaje así. Y ese deseo le basta al creador de historias, él sabe que sólo debe lanzar el rumor, que luego el de boca en boca le dará vida a su criatura.

¿Habrá nacido así el mito de Fortunato y su buena suerte? No sería la primera historia que alguien importa para su porteñización. Ya nos hemos topado, a lo largo de nuestras investigaciones, con estos especímenes, a los que podríamos tildar de "mitos camaleónicos", pues se tratan de historias que se adaptan al entorno al que son llevadas, historias que se mimetizan con la "fauna" local[*].

El último testimonio relacionado con la leyenda urbana fue por demás interesante. Nos lo entregó COSME Z., quien habría sido amigo de nuestro personaje. Nos dijeron que a Cosme podríamos encontrarlo, con suerte, en la plazoleta ubicada entre las calles Martín Pescador, T. Vilardebo, Jachal y Coronel Rohde.

Un dato que no es para despreciar: la calle Martín Pescador, de tan sólo cinco cuadras de extensión, no corre en línea recta, sino que tiene forma de... herradura, uno de los símbolos popularmente identificados por la buena fortuna.

Algo de la suerte de Fortunato debió habernos tocado, porque en la segunda visita a la plazoleta lo encontramos. Allí estaba Cosme, sentado en un cantero junto al rincón más florido de la plaza, rincón dominado por una palmera de tronco muy ancho.

---

[*] Leyendas urbanas como "El último taxi", "El hombre sin párpados" y "Meter el perro", desarrolladas en el primer volumen, formarían parte de esta familia de mitos.

A simple vista nos estábamos acercando a otro personaje barrial. Las arrugas del rostro de Cosme, así como sus canas, anunciaban una edad de no menos de sesenta años. Sin embargo su vestimenta pretendía disimular el paso del tiempo. Lucía un sombrero de safari color caqui, llevaba una camisa de tela escocesa que, al estar desabrochada, dejaba ver debajo una remera anaranjada con un símbolo de la paz estampado en color negro; tenía puestos unos jeans todos rotos, y calzaba unas sandalias de cuero muy gastadas.

Cosme sostenía en su regazo un libro de metafísica, uno de los del Conde Saint Germain. El libro permanecía cerrado y la mirada del hombre parecía perdida, como si estuviera en trance.

Nos atrevimos a molestarlo. Cosme no se ofendió en absoluto. Con la mano nos invitó a sentarnos en el cantero, junto a él.

Cuando le preguntamos por Fortunato se sonrió, y, haciendo caso omiso a nuestro cuestionamiento, se refirió a aquella cercana palmera de tronco ancho:

—Es el ombú de las palmeras —nos dijo señalándola—. ¿No les parece? Nunca vi una palmera igual. "El ombú de las palmeras", suena lindo.

Nos quedamos en silencio, desconcertados. Atinamos a decir un "Ajá...", pero Cosme nos demostró, inmediatamente, que sí había escuchado nuestra pregunta, porque sus siguientes palabras fueron:

—El Flaco era un genio —"El Flaco", así llamaría durante toda la entrevista a nuestro Fortunato, a su amigo—, y debe de seguir siéndolo, donde quiera que esté. Estudió Análisis Matemático en la Universidad de La Plata. Lo conocí ahí. Yo cursaba otra carrera, Geofísica, pero había materias afines a las que asistíamos juntos.

Cosme, de repente, arrojó el libro de metafísica por el aire. Se lo quedó mirando hasta que cayó cerca de lo que en algún tiempo fue un sube y baja.

—Ya va a volar —dijo—. Un día lo voy a tirar y se va a ir volando. Es un pájaro literario, un pichón del arte. La libertad es para todos, para los libros también.

Desconcertados por segunda vez, nos movimos inquietos en nuestro improvisado asiento. Entonces Cosme volvió, con sus palabras, a Fortunato:

—Empezamos hablando en la facultad porque descubrimos que los dos éramos del mismo barrio, de Villa del Parque. Me acuerdo que una de las primeras cosas que me dijo fue, después de hacer unas rápidas cuentas mentales, la probabilidad aproximada de que una coincidencia así se diera.

Inmediatamente luego de comentar esta anécdota, Cosme se sacó los dientes (tenía dentadura postiza) y los apoyó en el borde del cantero en el que estábamos sentados. Acto seguido, se puso de pie. Se quedó ahí, parado, observando sus dientes bajo el sol durante unos diez minutos. Estuvimos a punto de irnos, de dejar en paz al pobre hombre, pero aquella postal de la locura era atrapante. La postal cobró vida cuando Cosme, mostrando las encías desdentadas, le gritó a sus propios dientes algo así como "¡Papá, hay puré!" Y cuando el eco de su insólito alarido aún retumbaba en el aire de la plazoleta, el hombre desvió su vista, vidriada por los años, hacia nosotros, y así permaneció durante un minuto y medio aproximadamente, sus ojos clavados en nuestra humanidad. Y sucedió que pasado ese lapso tomó los dientes, se los puso y se sentó.

—Les pido mil disculpas —nos dijo—, pero tenía que hacer todo esto. Aborrezco la discriminación, cualquier clase de ella. El que discrimina a los locos no merece que mi palabra le sea dirigida, pero veo que ustedes son gente tolerante y honesta, pasaron la prueba.

—Usted realiza seguido esta clase de... exámenes —le preguntamos.

—Siempre antes de iniciar una conversación con desconocidos. Pero bueno, ya está, ahora sigamos hablando del Flaco.

Parecía entusiasmado, como si le fascinara platicar de aquello.

—Bien —le dijimos—, nos comentaba que se conocieron en la Universidad.

—Exacto. Yo abandoné en primer año mientras que El Flaco duró un año más. Yo dejé porque fueron demasiados números para mí, en cambio El Flaco abandonó porque se distraía, se ponía a hacer cuentas que sólo él entendía y se olvidaba que estaba en clase, y las pocas veces que prestaba atención terminaba peleándose con los profesores porque les decía que él había llegado a una solución más "elegante" que la que ellos enseñaban.

Cosme inhaló profundamente y cerró los ojos, como saboreando el aire de la plaza. Largo el aire, abrió los ojos y continuó:

—En la facu intercambiamos direcciones y nos empezamos a visitar, pero nuestra verdadera amistad surgió después de que él dejara la carrera. El Flaco dejó la carrera, pero nunca dejó de hacer cuentas. Un día vino y me dijo "lo saqué". "¿Qué sacaste, Flaco?", le pregunté. "La ecuación del azar", me dijo.

Aquella plazoleta era un lugar solitario. Nadie la había transitado desde que abordáramos a Cosme. El libro de metafísica que había arrojado el hombre seguía tirado en el mismo lugar, el viento lo hojeaba para un lado y para el otro. Cosme fue hasta donde yacía el volumen, lo recogió y volvió a sentarse en el cantero, con la palmera-ombú a su espalda y el libro en el regazo.

—Usted sabía a qué se refería su amigo con eso de "la ecuación del azar" —le preguntamos.

—El Flaco me había hablado muchas veces del azar, que era una ilusión, que no existía, que era todo matemático; o sea que tenía que haber una ecuación que, por ejemplo, sabiendo de qué color fueron los últimos tres autos que pasaron, anticipe de qué color será el próximo.

Cosme hizo un silencio, como dejándonos digerir sus palabras. Entonces continuó:

—Aquel día en que me anunció su descubrimiento me dijo que, según sus cuentas, esa noche salía el once. Y salió nomás, el once a la cabeza en la quiniela nocturna. Hizo lo mismo durante una semana, me confió el número que saldría cada una de las noches. Acertó siempre. Aun así creo que al comienzo él también guardaba ciertas dudas con respecto a su flamante ecuación, porque empezó apostando poca plata. Aquella fue la época en la que se hizo famoso en el barrio. Todos empezaron a llamarlo Fortunato.

—¿Y cuál era su verdadero nombre?

—No puedo decirlo —respondió muy serio Cosme—. ¿O no saben que el nombrar a una persona afortunada trae mala suerte?

Nos quedamos en silencio.

Cosme retomó la historia de su amigo. Se lo notaba ansioso por seguir con su relato.

—Él no quería que se enteraran de su descubrimiento, así que disimulaba diciendo que apostaba la edad de algún familiar suyo o el turno que le había tocado en la farmacia, y que los números salían porque estaba de racha. Cuando la racha se hizo sospechosamente larga, El Flaco comenzó a apostar a números que, sabía, no iban a salir. Pero la gente le dio poca importancia a esto último, se terminaban acordando sólo de las veces que ganaba, como si quisieran que su fortuna no se detuviera, que no se muriera Fortunato. Entonces El Flaco empezó a ganar de nuevo y se le ocurrió lo del gen de la suerte. Bueno, en verdad no se le ocurrió, sino que lo sacó de un libro de ciencia-ficción.

Cosme se quedó pensativo por unos momentos. Temimos que aflorara otro de sus delirios, transformando la justificación que nos había dado en parte de ellos. Pero no, por suerte lo único que hizo fue volver a tomar la palabra. Ya no nos quedaban dudas de que al hombre le gustaba hablar, y sobre todo de Fortunato:

—Puta, ahora me sale *El Señor de los Anillos*, pero no era ese libro. El Flaco sacó la idea de otro... Bueno, la cuestión fue que le empezó a decir a todos que su increíble suerte se debía a un gen que había heredado de su padre. Y lo bueno fue que hubo gente que se lo creyó. El Flaco también terminó creyendo, pero no en esa mentira del gen, sino en el poder de su ecuación, porque al final se decidió, apostó fuerte, ganó una fortuna y se fue a Mar del Plata. Pero no por el Casino, como piensan todos, sino porque siempre le gustó La Feliz. Sé que vivió una temporada en la costa, pero cuando la inseguridad fue creciendo, se fue a Europa.

Difícilmente podamos saber cuánto hay de verdad en el relato de Cosme. Lo que sí podemos señalar es que el libro al que hace mención como inspirador de la idea de Fortunato, existe. Es una novela de ciencia-ficción, como bien dijo nuestro entrevistado, del autor norteamericano Larry Niven. *Mundo Anillo* es su título y, entre otras cosas, narra cómo una mujer, gracias a poseer un extraño gen que la hace afortunada, es elegida para integrar la tripulación que viajará al mundo que da nombre al libro.

Antes de abandonar la plazoleta, Cosme nos confesó que hacía mucho tiempo que había dejado de tener contacto con Fortunato o como quiera que fuera su verdadero nombre, pero que su amigo, antes de irse del barrio, le confió la fórmula mágica, la ecuación del azar. Sin embargo, como reza la máxima popular: "Dios le da pan al que no tiene dientes", porque Cosme no estaba para esas cosas, él era, y sigue siendo, un bohemio.

—Soy un "new age" —se describió—. Me gusta el arte abstracto, el cine iraní, y sólo como vegetales. Me encanta aburrirme: en el aburrimiento siento que llego a los dioses, porque son muchas las entidades que gobiernan el destino del mundo. No quiero ensuciarme el alma con dinero fácil. Prefiero ayudar a los demás. Por eso siempre estoy aquí, sentado junto al ombú de las palmeras, esperando a las personas que logren convencerme de que realmente necesitan la ecuación del azar. En estos años he charlado con toda clase de gente, y sólo hice felices a dos de ellos.

"A afirmaciones extraordinarias, pruebas extraordinarias", sostenía el mítico divulgador científico Carl Sagan.

Como respondiendo a esta otra máxima, Cosme nos chistó cuando ya nos habíamos despedido de él y caminábamos hacía una de las franjas de gigantescos árboles que custodiaban la plazoleta. Nos dimos vuelta y alcanzamos a ver cómo el hombre sacaba de uno de los bolsillos de su camisa escocesa lo que parecía ser una simple calculadora de mano. Entonces Cosme la manipuló durante unos treinta segundos y, sin quitarle la vista, se sonrió y dijo en voz alta:

—¡Justo el número favorito del Flaco! ¡Muchachos, esta noche jueguenlé al 11!

Uno de los tesoros más preciados en el Universo de "aquello que debe existir pero aún nadie lo ha descubierto" es el sistema que permita, a quien lo aplique, hacerse rico apostando a los juegos de azar. Dicho sistema viene siendo buscado desde que esta clase de juegos vieron la luz, y uno de los blancos más atacados por quienes creen poder encontrarlo es la ruleta. Ya hemos hablado de Charles Wells y de sus inolvidables hazañas en Montecarlo, y también de cómo negó utilizar sistema alguno para concretarlas.

Pero hay historias más recientes de jugadores osados que sí pusieron en práctica diferentes sistemas para ganar en la ruleta. Los autodenominados *Eudaemons* (palabra que en griego identifica a los peores demonios), y el "Trío del Ritz", como lo llamaron algunos, tal vez sean dos de los grupos más interesantes de los que desafiaron a este artilugio del azar.

Ambos utilizaron sistemas basados en la física del movimiento de los cuerpos.

Los primeros, un grupo de ingenieros del Massachusetts Institute of Technology, intentaron saltar la banca de los casinos de Las Vegas. Los datos físicos necesarios, como velocidad de la ruleta y desaceleración de la bola, los hallaban mediante un pequeño dispositivo escondido dentro de un zapato. Por su lado, el segundo grupo, una terna conformada por una mujer húngara y dos hombres serbios, maniobraban, con el mismo fin pero en diferente lugar del mundo (el Hotel Ritz de Londres), un láser dentro de un teléfono celular.

Los *Eudaemons* dieron su golpe en los años setenta, y mientras están los que dicen que se hicieron millonarios, también están los que dicen que lo único que ganaron fue mala reputación en el mundo científico.

Lo del trío internacional del Ritz fue mucho más reciente. Su estrategia, puesta a prueba en 2004, hizo que se alzaran, y aquí no hay dudas, con dos millones de dólares, y, a pesar de que fueron arrestados, nadie pudo quitarles el dinero ganado*.

Pero es el caso de la familia española García-Pelayo el que guardaría mayor relación con lo conseguido, según el relato de Cosme, por Fortunato, pues el sistema que habrían utilizado no necesitaba de artilugios tecnológicos, sino de observación y cuentas.

Dicen que los García-Pelayo simplemente se basaban en la premisa que aseguraba que toda ruleta, por más per-

---

* Scotland Yard no pudo procesarlos ya que no habían obtenido el dinero con engaños y tampoco habían interferido físicamente la trayectoria de la bola o manipulado la ruleta, cosas que sí están penadas por la Ley del Juego británica, que data del año 1845.

fecta que haya sido concebida, conserva impurezas como rozamientos en el mecanismo, desniveles en la mesa, abombamientos, flexibilidad de las placas separadoras, etcétera; las que, tarde o temprano, harán que unos números salgan más que otros. Entonces, durante semanas, miembros de la familia tomaban nota de las bolas salidas en la ruleta elegida y luego, a partir de estas estadísticas, llegaban, comparando porcentajes y probabilidades, a los supuestos números que salían con más frecuencia. ¡Y listo! Los García-Pelayo apostaban a estos números y ganaban la mayoría de las veces. Así, a principio de los noventa, se fueron con los bolsillos llenos no sólo de casinos españoles como el de Madrid, el de Barcelona y el de Canarias, sino que también aplicaron con éxito su técnica en ciudades como Amsterdam, Australia y hasta Las Vegas.

Volviendo al casino de Mar del Plata, un sistema parecido al de los García-Pelayo habría utilizado un peluquero necochense de apellido Bartolucci que no le perdió pisada a unas ruletas que funcionaban en su Necochea natal y que fueron derivadas al casino de La Feliz. El peluquero, jugador experimentado, conocía todas las "fallas" de aquellos cilindros y, una vez en Mar del Plata, habría ganado una fortuna. La leyenda continúa afirmando que la mujer del peluquero le reveló el sistema a la esposa de un ex marino del acorazado alemán *Admiral Graf Spee*, y le hizo ganar a éste y a otros amigos suyos, marinos del mítico barco también, otra fortuna.

¿Habrá utilizado, nuestro Fortunato, algún sistema parecido al que hizo ricos al clan de los Pelayo, al peluquero de Necochea y a los alemanes del *Graf Spee*? ¿Llegó a descubrir algún desperfecto en el bolillero de donde se extraen los números de la quiniela, y sobre la base de ello y a sus matemáticas alcanzó la ecuación que lo convirtió en mito? Hagan sus apuestas.

Aquella noche el sorteo de la quiniela hizo feliz a un puñado de personas, más precisamente a las que habían decidido apostarle al 11.

Nosotros no estuvimos entre ellos.

PARTE III
Infiernos

Colegiales

¿*A*lguien se detuvo a pensar seriamente qué es Internet? Y no me refiero al aspecto técnico, ni a los detalles de programación, ni a nada de eso. Me formulo simplemente una pregunta tan básica y tan profunda como ésa: ¿qué es Internet?

Pensemos en su alcance: mundial. Miles de millones de personas, todas las que posean una computadora o hasta un teléfono celular de última generación pueden tener acceso a ella.

Pensemos en la variedad de su oferta: inacabable, infinita, de todo para todos. Hay portales deportivos, gastronómicos, médicos, rurales, turísticos, musicales, literarios, etcétera. Podemos pasar de la página oficial de Greenpeace a otra que catalogue arpones para ballenas, de una página que hable de la experiencia de tener sexo en una iglesia a otra con el último mensaje del Papa. Existen sitios que enseñan a hacer nudos marineros con lombrices de tierra, sitios que exhiben fotos de materia fecal, sitios exclusivos para albinos que juegan al polo. De todo para todos. Un universo de información... y de cualquier cosa.

Pensemos ahora en su ubicación, en el lugar del espacio en donde reside: algunos dirán que en la computadora, pero se equivocarán: las computadoras sólo son terminales por las cuales tenemos acceso a Internet, cada monitor funciona como una ventana por la que nos asomamos a la red. Otros dirán, con una sonrisa victoriosa, que Internet se encuentra en el ciberespacio. Pero si somos coherentes, la pregunta que debemos hacerles a continuación a estas personas es: ¿y dónde queda el ciberespacio? Y la única respuesta a esta pregunta es, por ahora, que el ciberespacio queda... en el ciberespacio, o sea en ningún sitio, al menos en ningún sitio de este mundo.

Tenemos entonces que lo que llamamos Internet es un universo ubicado en algún lugar que es ningún lugar, y que desde allí ingresa a nuestro universo con una multitud de tentáculos invisibles que asfixian nuestros cerebros con una oferta infinita de productos virtuales, una tentación por cada hombre que se asome a un monitor de computadora.

¿No es todo esto, al menos, satánico?

Podemos o no estar de acuerdo con el anterior extracto del discurso pronunciado por Sheridan Hansel en las jornadas denominadas "The final red comunication", pero debemos aceptar que las palabras del sociólogo no hacen más que reflejar la incertidumbre que se apodera de algunas personas a la hora de darle un cuerpo y un lugar a esa entidad llamada Internet.

Y, entre otras cosas, esa incertidumbre genera miedos, miedos que hacen que mucha gente, cada vez que recibe un mail del tipo "si envías este mensaje a quince personas diferentes se cumplirán tus deseos más osados, pero si no lo haces en diez días sufrirás una gran desgracia", siga al pie de la letra dichas indicaciones y reenvíe el mail a quince o a cuantos correos electrónicos se indique, no vaya a ser cosa que...

Y si aceptamos la idea de que Internet es un universo fuera del nuestro, los mismos miedos llevarán a algunos a decir que ese universo puede transportarnos hacia sitios o portales... fuera del nuestro.

Y el camino del miedo siempre conduce hacia la peor posibilidad. ¿Habrá peor destino para un navegante de Internet que el mismo Reino de Lucifer?

Desembarcamos en Colegiales atraídos por el dato que aseguraba que entre los alumnos de algunas escuelas secundarias de ese barrio corría el rumor de que en cierto cybercafé se puede acceder a un chat directo con el Infierno.

En un principio pensamos que dicho rumor no estaba tan extendido como imaginábamos, ya que nos costó dar con testimonios valederos. Pero, al parecer, la razón era otra: el asunto del chat es tomado por sus usuarios como un secreto, pactan de palabra no andar divulgándolo por ahí. Pero ninguna comunidad, por hermética que sea, es perfecta. Siempre hay filtraciones...

MAURO C.: "Escuché hablar a mi hijo y a sus amigos del colegio acerca de ir a Internet para meterse en el Infierno. Yo siempre pensé que se trataba de un jueguito de computadora".

FACUNDO G.: "Yo nunca me metí, pero vi cómo algunos compañeros míos sí lo hacían. Es genial. Podés elegir con qué demonio chatear. Pero no se puede meter cualquiera. Tenés que ir con Flavio que él la tiene clara".

FABIÁN C.: "No podés estar mucho tiempo en el chat porque la compu se recalienta. Yo conozco a un chico que por chatear en el Infierno más de lo debido se le prendió fuego el monitor".

MARTÍN S.: "Para tener acceso al chat diabólico tenés que haber entrado alguna vez a alguna página cualquiera siendo el visitante número 666. Muchos sitios tienen un contador y te dicen qué número de visitante sos, pero también tenés muchos sin contador. Igual te enterás porque te llega un mail que dice que estás invitado al chat del Infierno".

Facundo, Fabián y Martín son alumnos de diferentes escuelas de Colegiales. Hubo dos preguntas que les hicimos a los tres por igual. La primera se refería a la dirección electrónica del chat. Los tres respondieron lo mismo: cambiaba todas las semanas, todos los lunes les llegaba a los usuarios un mail con la nueva dirección. La segunda pregunta era acerca de si al chat se accedía desde cualquier computadora. Las tres respuestas volvieron a coincidir: había que ir al "cyber de Ary". Sólo desde sus computadoras se podía entrar en el Infierno. Esta segunda respuesta nos confirmó que el rumor que nos había llevado a Colegiales era un buen rumor.

El "cyber de Ary" era oscuro y sucio. La poca luz que caía del techo y la que despedían los monitores de las computadoras bastaba para delatar un piso que no había sido barrido en semanas, así como las partículas de todo

tipo que poblaban los muebles y hasta las mismas computadoras.

Luego de hacer a un lado el *comic* de Superman que estaba leyendo, Ary, como si no quisiera desentonar con el
mito, nos dedicó una carcajada diabólica ante la mención
del chat del Infierno.

Abrió tanto la boca que alcanzamos a verle cinco em-
pastes entre las muelas inferiores. Todo en él era así:
exagerado. Ary pesaría unos doscientos kilos. Su rostro
tenía más metal que carne. Exhibía seis piercings en su
rechoncha nariz, tres de cada lado; otros dos le brillaban
sobre cada ceja, otros seis rodeaban su enorme boca y
de uno de ellos surgía una pequeña cadena que se unía
con uno de los cinco aros de su oreja izquierda. En la
derecha tenía cuatro. Nos extrañó no ver ninguna bolita metálica incrustada en su lengua, custodiando los em-
pastes.

A continuación reconstruiremos la conversación que
mantuvimos con este personaje evitando las interrupcio-
nes por parte de los clientes.

—¡Es muy bueno! —nos gritó Ary luego de soltar la carcajada—. ¡Eso del chat satánico es muy bueno! ¡Después
del harén virtual de Carlitos, es lo mejor!

—Pero, ¿sabe en qué consiste? —preguntamos—. ¿Es
verdad todo lo que se dice?

—¿Todo lo que se dice? Yo sólo sé que vienen esos pibes y se meten en ese chat y se lo pasan, dicen ellos, con-
versando con diablos. Yo no les creo, pero no se puede ne-
gar que es una idea muy buena.

—¿Está al tanto de que, según dicen, es su cybercafé el
único en la zona con acceso al chat en cuestión?

—Algo me dijeron. Si es así, fantabuloso (no dijo ni "fantástico" ni "fabuloso", dijo "fantabuloso"). De esa manera ganamos todos. Los pibes le agregan misterio a su club, y yo gano plata.

No pudimos evitar hacerle la siguiente pregunta. Se la realizamos por pura curiosidad y, afortunadamente, terminó relacionada con nuestra investigación:

—¿En qué consistía eso que nombró, lo del harén virtual?

—¡El harén virtual de Carlitos! —gritó como si Carlitos viviera en Nepal y tuviera que enterarse de que estaban hablando de él. Las personas presentes en el cybercafé parecían acostumbradas a los alaridos de Ary, pues en ningún momento desviaron la mirada del monitor que cada uno tenía delante—. Ahí empezó todo, con Carlitos. ¡Ése sí que era un hijo de puta! Se fue enganchando minas por chat, una salteña, una cordobesa, una de acá, de Buenos Aires, y así. Estaba en contacto con quince o veinte minas diferentes, todas argentinas. Evitaba conocerlas personalmente. Ni siquiera les mandaba una foto personal. Y lo bien que hacía. Yo no soy ningún galán, pero Carlitos era horrible, siempre decíamos que era Moe, el de los tres chiflados, pero bizco y con la boca de Mick Jagger. Igual, a Carlitos, no le importaba, porque él no pretendía conocer a las minas que contactaba. Él las quería para otra cosa. El guacho las enamoraba por chat y después les pasaba su número de celular. Entonces había una mina que lo llamaba a la mañana para que no llegara tarde al trabajo, otra que lo llamaba para que no se olvide tal cosa, otra que lo consolaba cuando estaba triste. Cuando precisaba algo, ahí estaba una de ellas para servirlo. ¡Y todas le mandaban regalos para su cumpleaños!

—Interesante (o deberíamos haber dicho fantabuloso). ¿Pero por qué dice que ahí empezó todo?

—Pasó que un día Carlitos incluyó en su harén una integrante que no resultó ser del tipo que a él le gustaban. La piba, si es que era una piba, ustedes saben que Internet está llena de mentirosos, y Carlitos no llegó nunca a hablar con ella... ¿En qué estaba?... ¡Ah, sí! ¡La piba! La piba era medio oscurita y le dijo que tenía la fórmula de meterse en un chat con demonios. No sé si ya les dijeron lo de ser el visitante 666 de una página y eso.

Cuando le dijimos que sí, continuó.

—Carlitos no quiso saber nada, y no chateó más con la piba esta. Pero lo comentó acá, en el cyber, y Flavio, uno de los pibes del colegio, no me pregunten de qué colegio, se interesó. Carlitos le pasó el mail de la piba y listo. Entonces Flavio parece que le hizo caso a esta minita y se metió en cuantos sitios pudo, hasta que en uno terminó siendo el visitante número 666. O al menos eso dice él, pero yo a Flavio no le creo nada, para mí que lo inventó todo para levantarse minas. Seguro que le tenía envidia al capo de Carlitos.

Algo se movía sobre la cadenita que cruzaba la enorme cara de Ary. Era un hormiga. Se la señalamos. Ary se puso medio bizco para poder distinguirla. Entonces la sopló. La hormiga pasó entre nosotros a una velocidad cercana a la de la luz. Detrás de ella nos llegó una lluvia de saliva. Nos empapó. Mientras nos secábamos, Ary gritó:

—¡Me tienen cansado estas hormigas de mierda! ¡Tengo el local lleno de estos bichos!

Desviamos la vista hacia el interior del local y descubrimos que Ary tenía razón: la suciedad que habíamos percibido al entrar no estaba *quieta*. Muchas de las partículas que la componían se movían. Hormigas.

Ary tomó, aún temblando por la bronca, la revista de *comic* que le habíamos encontrado leyendo, y la abrió delante de él. Un milagro permitió que no se rompiera a la mitad. Era el número de la muerte de Superman.

A pesar de esa repentina demostración de indiferencia, le hicimos la última pregunta:

—¿A qué hora suele venir Flavio?

—Ya vino y ya se fue —nos llegó la voz de Ary desde el otro lado de la revista—. Viene todos los días con su grupito, después del colegio, a eso de la una. Pero no les va a servir de nada.

No habíamos hecho una cuadra, luego de abandonar el cybercafé, cuando sentimos un "hey, ustedes" a nuestras espaldas. Era un adolescente pálido y ojeroso. Estaba agitado y transpirado. De tan pálido parecía transpirar leche.

—Los escuché ahí, en lo de Ary —nos dijo tratando de recuperar su respiración normal. Había corrido detrás nuestro, sin duda. —Yo estaba en la segunda computadora. No le crean nada a ese gordo, si de lo único que sabe es de superhéroes. Lo del chat es verdad. Hay que pararlo de alguna forma.

El chico nos miraba con unos ojos celestes clarísimos, pálidos igual que todo su rostro, como si tantas horas delante de un monitor le hubieran descolorido la piel de la cara, el iris de los ojos. Hasta sus facciones parecían gastadas. Porque de eso estabamos seguros: aquél era el típico joven con sobredosis de Internet, de juegos en red, etcétera.

—¿Vos te metiste en el chat? —le preguntamos.

Sin decir palabra el joven nos señaló un bar. Era lógico, quería privacidad. Buscamos una mesa apartada.

—Claro que entré —nos dijo una vez sentados y con el café marchando—. Es una mierda. Tienen que pararlo.

Le pedimos que se tranquilizara y que nos explicara su experiencia. Llegó el café, tomó un sorbo y comenzó:

—Yo veía cómo con eso del chat diabólico, Flavio y sus amigos empezaron a ganar mujeres. Entonces me uní al grupo. Siguiendo la estrategia de Flavio me puse a visitar páginas hasta que fui el 666 en una de ellas. Después me llegó el mail ese que te dice que tenés derecho a entrar en el foro del Infierno y que el único precio que pagás es tu alma.

—¿Tu alma? ¿Y aceptaste?

—Más vale. Es que al comienzo no te lo tomás muy en serio. Además, ¿cuál es? ¿Para qué quiero mi alma en estos tiempos que corren? Hubiera cambiado mi alma por el último simulador de Fórmula Uno.

—¿Y una vez adentro, qué pasó?

—Como les dije, al comienzo te cagás de risa. Vas pasando diferentes niveles de demonios. En los primeros chateás con demonios muy graciosos, no paran de hacerte chistes, todos zarpados. Además era verdad: las minitas me empezaron a dar más bola. Pero cuando pasé al décimo nivel, la cosa se puso medio pesada. Había demonios que te adivinaban cosas de tu vida. Un tal Azazel me dijo que a los seis años yo había querido matar a mi hermano, un año más chico que yo; que si no hubiera llegado mi otro hermano, el mayor, justo antes que encendiera el fósforo, lo habría conseguido. También me dijo que a mi hermanito, el olor a queroseno del pelo, recién se le fue pasados los tres meses. Es que mi hermanito era un quilombero, y yo había visto cómo mi viejo quemaba así las ramas del jardín. Pero bueno, la cuestión es que eso lo sabe nada más que mi vieja y mis hermanos, ni mi viejo está enterado. Así que cuando ese demonio me lo dijo no me gustó un carajo. Igual me la banqué y llegué al nivel 26. Ahí ya los bichos esos te piden que hagás cosas por ellos, que siempre son maldades, a cambio de una recompensa.

El joven se acabó el café de una vez. Nos miró con mayor intensidad, como si la cafeína le hubiera subido a los nervios ópticos y le hubiera devuelto a sus ojos algo del color perdido.

—Lo más grosso fue lo de Walter —anunció—. Abadón, un demonio del nivel 27, me dijo que me levantara a la novia de Walter. Yo pensé que era imposible, hacía seis años que salían juntos. Pero ya les dije: si sos parte del club de Flavio se te hace todo más fácil con las mujeres, no sé, es como si te vieran algo que antes no veían. Entonces hice lo que Abadón me pidió, le saqué la novia a Walter. Es que además la guacha estaba buenísima. Yo pensé que mi recompensa era ésa, quedarme con semejante hembra; pero cuando llegué el fin de semana a casa, mi vieja me dijo que habían dejado un sobre para mí, que lo había traído un tipo con un acento raro, vestido todo de negro. Mi vieja me dio el sobre. Había diez billetes de cien dólares. Y después me di cuenta de una cosa: las numeraciones de los billetes eran diferentes, pero todas terminaban en 666. Igual me importó un pito, me compré más memoria para la compu y un montón de juegos buenísimos. Pero la sonrisa se me borró cuando me enteré de que Walter se dejó pisar por el tren. ¡El boludo se mató por una mina! A partir de ahí no quise saber más nada con el chat. Pero al grupito de Flavio no les importa, ellos siguen chateando. Me dijeron que Flavio llegó al nivel 660. ¡Seis niveles más y va a poder chatear con el mismo Lucifer! Ya lo hubiera conseguido si no fuera porque la computadora se te recalienta a las tres horas de estar conectado con el Infierno.

Dejamos al muchacho respirar y apurarse el vasito de agua que le habían dejado junto al café. Luego le preguntamos:

—¿Es verdad que sólo se tiene acceso a ese chat en el cybercafé de Ary?

—Sí, y no me extraña. Ese chat debe de estar prohibido en todos lados, pero como el gordo es un tránsfuga debe tener un acceso pirata.

—¿Y qué puede ocurrir si Flavio se comunica con el Señor de las Tinieblas?

—Nada bueno, estoy seguro. Una vez me dijeron algo que me hizo cagar de risa, y que ahora me caga de miedo. La persona que me lo dijo lo había sacado de un libro de nuevas profecías. Parece que Dios, cuando encadenó al Diablo en el Infierno, le cerró todos los caminos que conducen a nuestro mundo. Pero el Diablo es zorro. Se inventó un camino en el ciberespacio. Alguien lo destapó de este lado y creó Internet. Siento que cuando alguien como Flavio se comunique directamente con Lucifer algo terrible va a pasar. O quizá ya viene pasando, quizá Flavio sea uno más de un montón de gente que ya se ha estado chateando con el Diablo. Quizá cuando sean seiscientos sesenta y seis los que se comuniquen con Él, el portal se abra... y comience el Apocalipsis.

Le pagamos el café al muchacho y le dimos las gracias por su testimonio.

—¡Tienen que pararlo! —nos gritó desde la mesa cuando nosotros salíamos del bar.

¿El delirio de un adicto a las computadoras? Quizás. ¿El relato de un joven psicótico? Tal vez. Lo que diremos es que o el muchacho sabe algo de demonología, o los conocedores de la materia son los creadores del chat diabólico, ya que Azazel y Abadón son nombres de demonios míticos[*].

Al otro día volvimos al cybercafé, a la hora que Ary nos había dicho encontraríamos a Flavio. Y así fue: el adolescente llegó a las 13:05 con un séquito de cinco muchachos. Los seis parecían monjes de una religión exclusiva para jóvenes. Todos vestían de gris y negro, y llevaban capuchas sobre las cabezas, capuchas que emergían de buzos o de camperas. Lentes negros completaban el uniforme. Todos tenían la piel blanquecina, pero la palidez de Flavio era la más chocante. El joven que nos entregara el testimonio el día anterior hubiera podido pasar, al lado de Flavio, como un bañero de piel bien curtida por el sol.

Ary tuvo razón en otra cosa: que aquel encuentro no serviría de nada. Todas nuestras preguntas fueron respondidas por un silencio de iglesia y por nuestra propia cara de desconcierto reflejada en seis pares de lentes oscuros.

Nos fuimos del cybercafé con las manos vacías y con nuestros zapatos invadidos por una o dos hormigas.

Acudiendo al mundo de lo racional, podríamos decir que el chat del Infierno es sencillamente la obra de un ocurren-

---

[*] Según algunas leyendas Azazel sería uno de los ángeles caídos junto a Lucifer, mientras que Abadón, que si respetamos el hebreo original deberíamos citar como Abbadón, se trataría del demonio que dirige las torturas en el Averno.

te diseñador, la cual es tomada demasiado en serio por algunos de sus usuarios. Para ser conscientes de la realidad que puede tomar un mundo de fantasía en una mente dispuesta, sólo tenemos que recordar algunas excentricidades que han sido llevadas a cabo en nombre de juegos de rol.

¿Las hormigas? Habrían emigrado de la relativamente cercana plaza Mafalda así como de los espacios verdes que la rodean.

Si este enfoque no nos satisface, entonces podemos sumergirnos en espesas tinieblas y darle crédito a las palabras de aquel joven en el bar, a sospechar que, así como el "cyber de Ary", hay muchos en todo el mundo, con la función de atraer mortales, cada uno una pieza de las seiscientas sesenta y seis que conforman la llave que abre el pórtico por el que Satanás y su ejército invadirá nuestro mundo.

La investigación en Colegiales la realizamos a mediados del año 2004. Volvimos a finales del 2005 y ya no estaban ni Ary ni su cybercafé. Abordamos a los alumnos a la salida de sus escuelas y nos dijeron que el "cyber" había cerrado haría cosa de un año, y que de su dueño no sabían nada. De Flavio tampoco.

—No se inscribió este año en el colegio —nos dijo uno de los que habrían sido sus compañeros de aula—. Me dijeron que se fue a otro barrio.

Fuimos hasta donde se ubicaba el cybercafé y nos encontramos con un maxikiosco.

—El antiguo dueño era un roñoso —nos dijo la señora que atendía el quiosco, actual dueña del local—. Me dejó todo lleno de hormigas. Es el día de hoy que todavía las sigo matando. ¡Ah!, y también me dejó todas las paredes escritas.

Nos contó del trabajo que le había llevado limpiar todas aquellas inscripciones y de cómo una de ellas no había podido sacarla por nada del mundo. Le pedimos que nos la mostrara. Nos llevó a la parte de atrás, que ella usaba como depósito. Allí estaba. En una de las paredes, grandes y chorreadas letras rojas rezaban una única palabra: ARYMAN.

Antes de irnos del quiosco la señora nos suplicó no reveláramos la ubicación exacta del local, no quería perder clientes amén a su pasado. También nos comentó que alguien le había dicho que "el gordo ese", Ary para nosotros, había puesto otro cybercafé en el barrio, pero que no sabía dónde.

Cruzando la plaza Mafalda conversábamos acerca de la casi seguridad de la autoría de aquella inscripción. Habría sido el mismo Ary, además llevaba su sello, él mismo se autoproclamaba como un superhéroe más de los tantos que integraban los *comics* que tanto le gustaban. No es un pájaro, no es un avión, es ARYMAN...

Entonces fue cuando se nos ocurrió otro paralelismo no tan feliz como el anterior: Aryman o, mejor dicho Arimán, es otro de los nombres de Satanás. Su origen es persa, y lo encontramos en la doctrina profesada por Zaratustra, en la cual había un Señor, principio de todo bien, Ormuz; y un Señor, principio de todo mal, Arimán...

Parque Chacabuco

El plan maestro estaba en marcha.

Nada podía detenerlo.

Él sabía.

Los alejaría.

Ellos eran muy sutiles, pero él era más inteligente. Había descubierto cómo detectarlos y los alejaría. Ya no causarían más problemas.

Dar el golpe sorpresivo, hacerlos salir y desaparecer como si nada.

Se deslizó en la noche urbana como un pez acostumbrado al asfalto.

El siguiente objetivo estaba a la vista.

Revisó el equipo: tenía todo. Hasta la 9 milímetros por si acaso.

Miró el reloj.

Perfecto.

A principios de septiembre de 2005, Li Quinz Hong, hombre de origen chino, fue interceptado por la policía en la esquina de avenida La Plata y Guayaquil sospechado de ser el

autor material de los incendios intencionales de once mue-
blerías y una pinturería.

A Fosforito —como fue apodado una vez detenido—,
le encontraron, además de la citada pistola 9 mm, dos
botellones llenos de combustible, una caja de fósforos y
una piedra con extrañas inscripciones. Se desplazaba en
bicicleta.

Al poco tiempo, fue internado en el Hospital Neuropsi-
quiátrico José T. Borda.

Hasta aquí la noticia.

Como toda información fuera de lo común, fue prolija-
mente almacenada en nuestros archivos. Sin duda, los pi-
romaníacos siempre son motivo de interés y, en algunos
casos, de mucho peligro. Basta recordar al tristemente célebre asesino serial e incendiario Santos Godino, mejor conocido como El Petiso Orejudo, al cual este segundo volumen dedica un capítulo.

A principios también, pero de diciembre de 2005, nos llegó a cada uno de nosotros un sobre. Sin remitente.

Al abrirlo encontramos tres enigmáticas oraciones escritas a mano:

Azucena Butteler los soñó.
El cometa Halley los trajo.
Li Quinz Hong los iba a echar.

Y después, daba la dirección de un bar llamado *El Orden*,
ubicado en avenida Carabobo y avenida Eva Perón, en Parque Chacabuco. Una hora y fecha.

De inmediato nos preguntamos qué tendrían en común una mujer llamada Azucena Butteler, el cometa Halley y un piromaníaco chino.

Para las leyendas, todo.

Indagando un poco más sobre Azucena Butteler, descubrimos la historia de esta mujer que donó terreno de su propiedad en Parque Chacabuco para hacer un pequeño barrio. Pero antes, Azucena "soñó" el barrio que lleva su nombre. La señorita era cristiana devota y cuentan que una noche tuvo un sueño (otras fuentes lo señalan como una visión) con la Virgen María y un coro de ángeles que susurraban su nombre. Después, la Virgen le mostró una imagen de casas, muchos rostros felices y el nombre de su benefactora en todas las calles. Azucena comprendió el mensaje y se puso de inmediato manos a la obra, donando la manzana que comprende las avenidas La Plata y Cobo y las calles Senillosa y Zelarrayán para construir un grupo de casas para obreros, pero con una única condición: que el conjunto de viviendas llevara el nombre de su donante. Las obras se iniciaron en 1908 y culminaron dos años después, el mismo del centenario de la Revolución de Mayo, es decir, 1910. También, el año en que pasó el cometa Halley. ¿Y el incendiario?

Decidimos asistir al encuentro.

Ese mismo día, por la mañana, fuimos directamente al barrio Butteler.

De entrada, este barrio laberinto o barrio espejo nos hizo recordar levemente a Parque Chas, pero a escala reducida. De cada una de las cuatro esquinas de la manzana parten cuatro callecitas minúsculas con el mismo nombre: Azucena Butteler, y todas confluyen en un mismo centro, en el que nos encontramos con la plazoleta Enrique Santos

Discépolo. Precisamente, en el Centro Cultural que lleva el nombre de este inspirado autor de tangos —como el inmortal *Cambalache*—, en la calle Butteler que desemboca en avenida La Plata, nos hicieron el aporte más importante al ponernos en contacto con dos históricos del barrio. Ellos son Juan V. y Orestes Y., vecinos de Butteler de toda la vida. Si bien la vejez nos iguala, las similitudes físicas de los dos vecinos sin parentesco alguno eran asombrosas. ¿Acaso el vivir en un lugar-espejo transforma a la gente? De conocerlos, a Jorge Luis Borges le habrían servido de inspiración para un relato. No cabe duda.

Sentados en uno de los bancos de la plazoleta y persiguiendo la sombra de un día que se presentaría bien caluroso, los dos septuagenarios aportaban datos cada vez más interesantes.

—Acá, la numeración va del 1 al 99 en sentido contrario a las agujas del reloj —explicaba Juan levantando el brazo izquierdo—. Entonces, usted se puede encontrar que frente a una casa con el número 5 tiene el 68. Por eso, los que vienen de afuera siempre se confunden. Yo vivo en la 59, una de las pocas que se mantienen originales. Porque se construyeron 64 casas todas idénticas, con dos ambientes, patio y puerta de madera.

—Esta placita al principio, tenía un tanque de agua con molino que abastecía a todo el vecindario —señalaba Orestes gesticulando también con el brazo izquierdo—. Estaba lleno de pibes porque ponían cadenas en las esquinas para que no pasaran los autos. Antes le decían La Escondida. Después, en el 72, le pusieron Discépolo y está bien. El tango siempre estuvo presente. En este barrio vivieron músicos como el bandoneonista y compositor Rafael Rossi, amigote de Gardel, en el 17. El zorzal lo visitaba a menudo. Decían que lo raro de acá los inspiraba y tenían mucha, muchísima razón.

Ese último comentario nos dio pie para citar la historia de Azucena Butteler.

—Todo eso es mentira. Es un invento de los chupacirios de la Medalla Milagrosa* —afirmó en forma vehemente Orestes apuntando con el dedo índice en dirección a la iglesia—. La mina era católica, pero tengo entendido que no sólo era una estudiosa de la Biblia, del Antiguo Testamento sobre todo, sino también de otras religiones antiguas. Además, se metió con el espiritismo. Y recibió instrucciones no sé de quién para construir algo en este barrio, una especie de pista de aterrizaje.

—Fue un invento de Xul Solar —replicó Juan levantando también el índice.

El artista plástico era una cita inesperada. Nacido en la provincia de Buenos Aires en 1887 y fallecido en 1963, fue considerado por muchos como un visionario. Para Xul, el universo, lo real es la suma de los rápidos aleteos de un colibrí. Es decir, hacer visible lo que no podemos ver, partiendo de algo interior. Por eso, quedó tan impactado con la escuela expresionista. Su estilo tiene ecos de artistas como Kandinsky o Paul Klee. A su vez su influencia se extendió a artistas de otras ramas como Leopoldo Marechal.

—Conoció de muy jovencito a la Butteler —siguió Juan—. Juntos idearon una especie de monumento a los

---

* Se refiere a la Iglesia Santuario de Nuestra Señora de la Medalla Milagrosa, construida en la década del 30 y que está ubicada en Curapaligüe al 1100.

seres superiores que pueblan los universos. La idea era darle pureza a la gente humilde que iba a vivir en el barrio. Y darles energía. Yo no sé lo que es un resfrío, por ejemplo.

—Eso es verdad —completó Orestes, cruzando su pierna derecha, al mismo tiempo que también lo hacía Juan—. Me acuerdo que hace unos cuantos años estaba muy jodido de los meniscos. Vino una de esas tormentas de primavera. Justo el 22, en el equinoccio. Cayó un rayo a pocas cuadras y retumbó todo Butteler y eso no es nada. Pasó algo muy fuera de lo normal. Yo estaba mirando por la ventana y puteando por lo de las rodillas y les juro que después de caer el rayo, las callecitas se iluminaron con una luz azul. Los números de las casas se pusieron como al rojo vivo y sentí que la tierra se acomodaba, como si estuviéramos dentro de un reloj enorme y se hubiera puesto a andar otra vez.

Para nuestro desconcierto, Juan remató diciendo que las hojas de afeitar nunca se le desafilaban.

Aprovechamos este detalle delirante para introducir el tema del cometa Halley, durante su aparición en 1910.

—Mi madre me hablaba mucho de eso cuando era chico —dijo Juan—. Había un pánico bárbaro porque decían que la estela del cometa rozaría la Tierra y morirían todos envenenados. Y ésa es la otra historia que circula y que a los curas no les gusta nada. Una especie de Arca de Noé que se llevaría a las personas con el cometa. Parece que ese día se juntó mucha gente esperando ser salvada. Después, vinieron los festejos por el Centenario de la Revolución de Mayo y todo se olvidó.

Faltaba completar la secuencia y citamos a Fosforito, el incendiario chino.

—Miren, lo único que sabemos de incendios fue que un croto en Senillosa y Cobo se prendió fuego hace unos años —contestó rápido Juan.

Nos despedimos de estos mellizos gestuales porque se nos hacía tarde para la reunión con nuestro amigo misterioso.

Ambos levantaron la misma mano saludándonos a lo lejos y después se incorporaron del banco en forma simultánea.

El bar *El Orden* parecía detenido en el tiempo. El único toque de modernidad era un televisor color empotrado en la pared clavado en el canal deportivo.

Esperamos repasando lo que teníamos hasta ahora.

Los datos del barrio se acumulaban en la mesa junto a un par de cafés —bien cargados— del viejo bar. A grandes trazos, toda la historia del lugar se limitaba a la extensión de terreno denominada Parque Chacabuco, compuesta por unas doce manzanas. A fines del siglo XIX allí se erigía la Fábrica Nacional de Pólvora, llamada popularmente el "Polvorín de Flores". Esta fábrica ocupaba la parte sur del parque. En 1898, una gran explosión la hizo desaparecer. Entonces, la Municipalidad cedió esos terrenos y empezaron las quintas y también los baldíos. Hasta los años veinte estaba cerrado con un portón. Esa entrada, en la esquina de lo que ahora son la avenida Asamblea y Emilio Mitre, servía para que la gente pasara. En el medio del parque había un tambo que vendía leche recién ordeñada. También había vendedores ambulantes tales como el que comerciaba pavos, el barquillero, los maniseros. Además, ubicadas muy cerca, ferias municipales oficializadas en 1910. Ferias, gente, leyendas.

Anotamos: Explosión y 1910.

¿Estaríamos ante mitos o leyendas aletargados o desactivados y que una circunstancia o un persona determinada los sacaron de su letargo?

Alguien nos llamó por nuestros nombres, un muchacho de rasgos orientales que se presentó como Andrés.

—Yo soy el de la carta —dijo secamente.

—No esperábamos...

—Sí, un pendejo con cara de chino que hable perfecto castellano y encima se llame Andrés, ¿no?

—Nosotros...

—Miren, para empezar, no soy chino, sino de ascendencia coreana. Mis padres vinieron a principios de los ochenta. Tengo una hermana mayor que ya tiene un hijo. Sería la tercera generación. Así que yo soy más argentino que el dulce de leche y el mate juntos. Eso no quiere decir que no siga ni respete las tradiciones. De hecho, vivimos todavía en el *Corea Town*.

—Sabíamos que se agrupaban en algunos barrios de la capital como el Once pero no conocíamos el término en Parque Chacabuco.

—Bueno, así le dicen a esta zona, entre Eva Perón, Carabobo, Castañares y que sigue por avenida La Plata. Digamos que están en mi territorio —afirmó Andrés un poco menos tenso.

—Tratamos de armar el acertijo de tu carta. Estuvimos en Butteler. Ahí nos contaron extrañas historias sobre ese sub-barrio, el año que pasó el cometa Halley muy cerca de la Tierra. Pero no logramos acertar un nexo entre ellos y Fosforito.

Andrés tragó saliva y sacó un papel y escribió dos palabras. Nos pidió que las leyéramos pero no en voz alta: LOS ÍGNEOS.

—Lo están haciendo pasar por loco, pero Li (Quinz Hong) encontró la forma de detectarlos y expulsarlos.

—Sea como fuere estaba cometiendo delitos contra la propiedad, incluso podría haber habido víctimas humanas. Lo que vos estás haciendo es apología del delito.

—¡Claro, y permitir que se sigan alimentando de nosotros! —casi gritó Andrés, más parecido a un samurai que a un adolescente porteño.

Por un momento pensamos que no había sido tan buena idea haber aceptado hacerle la entrevista.

—¡Gracias a personas como él —continuó, cambiando el tono levemente amarillento de su rostro por un morado fuerte— es que estamos un poco mejor, liberándonos de a poco de su yugo! Admiro su valor.

Le pedimos que se calmara y bebiera un poco de agua mineral. Andrés se disculpó y más sereno intentó explicarnos sobre lo que él llama Los Ígneos.

—Sé que puede sonar a delirio y tal vez ustedes piensen que yo también debería estar en un manicomio, pero *ellos* existen. Existieron desde siempre. Básicamente, son parásitos, y prácticamente indetectables, pero están, se los puedo asegurar. Y no son humanos.

—Estamos hablando de extraterrestres, entonces.

—Es que, en la antigüedad, astutamente se hicieron pasar por muchas cosas. Fueron confundidos con dioses que bajaban del cielo, con ángeles caídos. En realidad, son como vampiros energéticos extraterrestres. Sé que suena ridículo, pero no encuentro otra forma de definir a estos seres.

—Y Fosforito sería una especie de Van Helsing.

—Algo así. Pero déjenme aclararles que a diferencia de los vampiros humanos, que temen a los símbolos religiosos, ellos se manejan con un lenguaje universal, con unos códigos universales, digamos. Además, insisto, no son humanos, vienen de las estrellas.

Uno de nosotros, sin inmutarse, le citó una película llamada *La fuerza siniestra* (*Lifeforce*, 1985), donde astronautas que analizaban justamente un cometa, en este caso el Halley próximo a la Tierra en esa época, se traían una forma de vida parasitaria que devoraba la energía vital o el alma.

—Sí, claro que la vi. Pero hay muchísimas diferencias. Para empezar, los astronautas de la película encontraban una nave supuestamente alienígena ¡con humanos dentro! *Ellos* utilizan los cometas como transporte. No les interesan las almas, son conceptos humanos. Ellos simplemente se alimentan de la energía vital, y te van desgastando.

—¿Por qué el nombre de Los...?

—Por favor.

—Perdón.

—Se los llama así a causa de su fascinación por el fuego. El fuego es energía y cuando no están dentro de un cuerpo, se sienten cómodos ahí.

—Vos nos comentaste que eran indetectables.

—Bueno, no cuando mueren. Porque no son inmortales, mueren como cualquier organismo vivo, del material que están hechos. ¿Oyeron hablar de las combustiones humanas espontáneas?

—Sí.

—En el barrio tuvimos una hace unos años. Pregunten a los bomberos del destacamento de Chacabuco, está registrado.

Por supuesto que verificaríamos.

—¿Y por qué elegirían sólo Parque Chacabuco para llegar?

—¿Yo dije en algún momento eso? Hay muchas entradas en el mundo. En Buenos Aires, la que yo conozco es Butteler, pero hay muchas por todos lados, obviamente urbanas. Buenos Aires tiene una gran concentración de gente. Sin ir más lejos, cuando la policía allanó la pensión de Li (Quinz Hong), encontró un mapa con doscientos cincuenta lugares a los cuales...

—Quemaría.

—Conjuraría es la palabra correcta. Doscientos cincuenta puntos de reunión por donde poder alejarlos. Me imagino que saben que le encontraron una piedra. Bien. Esa piedra con "extrañas inscripciones" lleva el código que permite hacerles perder poder. Y hay que recuperarla. Por eso necesito entrevistarlo y ustedes me van a acompañar. Con el caso de Solaris* están cancheros y yo sé algo de mandarín.

Nos despedimos con la promesa de acompañar a Andrés en su visita al Borda para ver a Fosforito.

¿Pero acaso basaríamos nuestra investigación en dos jubilados orgullosos de su barrio y un adolescente afiebrado?

Fuego.

Como mencionamos antes y por nuestra experiencia

* Hace referencia a este extraño personaje mencionado en el mito "ET llama a casa" del volumen I.

habíamos tomado nota rigurosamente de la explosión de la Fábrica Nacional de Pólvora, apodada el "Polvorín de Flores" en 1898. Y no equivocamos el pálpito.

En la Biblioteca Estanislao del Campo en De Las Artes al 1200 (una calle de dos cuadras que forma parte de otro pintoresco sub-barrio inicialmente pensado también como barrio obrero con casas iguales, algunas de las cuales se conservan), encontramos material sobre historias del barrio, y todo tipo de órganos vecinales. El dramático episodio del Polvorín tuvo lamentablemente varias muertes y unos cuantos heridos. Jamás se supo bien qué pasó. Y como ya hemos aprendido, todo hecho trágico genera historias. Tibiamente, empezaron a comentarse apariciones, quejidos, incluso ruidos o un fuerte olor a pólvora, sobre todo en la noche. Una nota registrada en 1903 habla de las "almas en pena del Polvorín de Flores". Después de 1910 (otra vez) todo desaparece.

Nos instalamos en Parque Chacabuco y descubrimos la evolución del mito.

JULIANO (mantenimiento del Parque): "A mí no me pasó pero a un compañero que terminaba el turno, sí. Eran las 6 y media de la tarde. En invierno, a esa hora, ya oscurece. De repente, y en el medio del parque, ve algo quemándose. Mi compañero enseguida fue a mirar. A medida que se acercaba se dio cuenta de que había una persona prendida fuego. Entonces fue rápido a buscar una lona al depósito del Parque para tratar de apagarle las llamas. Cuando volvió, ya no había nadie".

RUBÉN: "Todos los días a esta hora salgo a correr por el parque. Solía entrenar a la nochecita, hasta que una vez, cuando estaba terminando de hacer ejercicio, pasó algo verdaderamente extraño. Al principio pensé que se trataba de esos muchachos que hacen malabares y utilizan fuego también, esos que se paran en los semáforos y se ganan unos mangos. El problema era que el fuego lo tenían encima. Eran tres. Me pegué tal cagazo que debo haber batido el récord en 100 metros llanos. Por eso, ahora entreno de día".

Fuego.

Qué mejor entonces que remitirnos al Cuartel de Bomberos de la zona, en la calle Riglos 959, debajo de la Autopista 25 de Mayo.

Allí obtuvimos un valioso testimonio de un bombero, que prefirió no dar su nombre y al que llamaremos Carlos.

—Historias siempre hay. Para nosotros de por sí el fuego tiene vida propia. Le tenemos mucho respeto. Aclaro que hablo de respeto y no de miedo.

"La otra vuelta me contaron que se produjo un choque (no hubo que lamentar víctimas fatales, gracias a Dios) en el tramo de la 25 de Mayo a la altura de Emilio Mitre. Parece que el conductor vio a una persona en medio de la autopista. Dicen que era uno de los fantasmas del Polvorín de Flores, porque el sujeto iba dejando una estela de humo a su paso. Cada tanto recibimos llamadas de gente que asegura que ve personas quemadas en una calle o prendidas fuego. Muchas son bromas aprovechando la joda de los fantasmas, pero otras, usted nota que en la llamada hay miedo, se da cuenta en la voz.

Le preguntamos a Carlos si podía comentarnos algo acerca del linyera carbonizado de la calle Senillosa, mencionado por Andrés y Juan. Carlos sonrió un poco y se rascó la nariz. Dio un hondo suspiro y se largó:

—Nos llamaron una tarde, me acuerdo porque era muy cerca de fin de año y pensamos enseguida que sería un incendio provocado por pirotecnia.

"Era sobre Senillosa, muy cerca de avenida La Plata, en una casa abandonada. Los vecinos aseguraban que había olor a carne quemada y yo puedo afirmar que si a algo uno no se acostumbra en esta profesión es a ese olor. Puede quedar por días en la nariz. Por supuesto, hay varios métodos para sacárselo. Yo huelo alcohol y se me pasa, pero conozco compañeros que nunca lo pudieron superar. Volviendo al episodio, llegamos bastante rápido. Entramos, la puerta estaba abierta y me encontré con algo que jamás me voy a olvidar: la víctima despedía una llamarada de casi medio metro a través de su tórax. El sujeto, sin embargo, ya estaba carbonizado. Todo era muy raro. Un segundo antes de apagar esa llama alcancé a detectar el orificio de fuga: era afirmativamente el tórax. Parecía que el fuego salía de adentro de ese cuerpo. Un colega me habló de que podría ser una combustión humana espontánea.

La combustión humana espontánea es un fenómeno que inicialmente tiene pocas explicaciones lógicas. Consiste en la total o parcial destrucción de un cuerpo humano debido a una muy intensa fuente de calor. En palabras sencillas, un cuerpo se quema hasta quedar reducido a cenizas en un tiempo brevísimo y sin mediar provocación alguna. Se han registrado más de 200 casos históricamente. Incluso hay uno citado por el escritor Charles Dickens en su obra *Bleak House*.

La explicación racional indica que la persona, generalmente de edad avanzada, por acción de barbitúricos o de alcohol, se queda dormida y en algunos casos, se quema con un cigarrillo. Y por los efectos antes mencionados, no puede reaccionar. Pero hay un problema: para que un cuerpo humano se incinere por completo o casi por completo se necesita una temperatura muy elevada (aproximadamente 1.000 grados) y un período de 2 a 3 horas. En los casos de combustión espontánea, ésta se produce en cuestión de minutos y lo que es más extraño, la superficie contigua al cuerpo rara vez aparece dañada.

Carlos nos confesó que había revisado las pericias y los propios peritos no llegaban a una conclusión satisfactoria.

Eso nos llevaba al punto inicial.

Intentamos hasta ahora tener una entrevista con Fosforito pero los esfuerzos no dieron resultado.

Mientras, le preguntamos a Andrés por qué no debíamos nombrar a Los Ígneos.

—Los despertás. Esos días que te sentís pesado, aplastado es porque *ellos* se están alimentando y nunca se cansan de comer. Lo mejor que tenés que hacer en esos casos es encender un fuego o una vela. Una vela está bien. Muy bien.

Villa Soldati

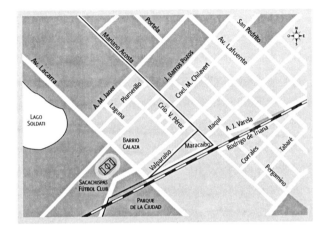

*D*ale, *Inés, otro soy*
Necesito otra voz
Inés, volvé, eterna sos
Amo tanto amarte
Necesito aquel sudor
El sueño distinto, imposible
Otro soy.

Así dice el estribillo de *Inés*, canción perteneciente al desaparecido grupo Karras, integrado por jóvenes de Villa Soldati.

¿Qué tiene de especial todo esto?

Volvamos al estribillo y destaquemos las iniciales de cada palabra:

Dale, **I**nés, **o**tro **s**oy
Necesito **o**tra **v**oz
Inés, **v**olvé, **e**terna **s**os
Amo **t**anto **a**marte
Necesito **a**quel **s**udor
El **s**ueño **d**istinto, **i**mposible
Otro **s**oy.

Ahora bien, si juntamos dichas letras obtenemos lo siguiente:

diosnovivesatanasesdios

Y separándolas debidamente llegamos a la inquietante afirmación que reza:

Dios no vive. Satanás es Dios.

¿Casualidad? ¿Coincidencia? No es justamente lo que piensan los habitantes de Villa Soldati.

CECILIA B. (ama de casa): "Mi hijo era amigo de uno de los que formaban el grupo. Creo que del baterista. Ese chico se fue transformando, se fue destruyendo. Venía a casa cada vez más pálido. Hasta que un día no vino más. Mi hijo decía siempre que era por la música que tocaba".

CARLOS P. (quiosco de diarios y revistas): "Yo llegué a ir a un recital de ellos, fue en un pub, antes que desaparecieran. Me acuerdo que arrancaron con la tercera canción, creo que era la de *Inés*, y me desmayé, o al menos eso me dijeron mis amigos, que me llevaron a casa. Me desperté recién al otro día. Mi vieja me dijo que me pasé toda la noche murmurando cosas. Siempre se comentó que había mensajes satánicos en las canciones de Karras, pero yo nunca le di bola; hasta que me pasó eso".

NARCISO C. (vecino): "Ninguno de los de la banda era legítimamente del barrio. Todos habían venido de otros lados, y acá vivían solos. Yo siempre desconfié de ellos".

Karras habría estado compuesto (casi todos coinciden con este dato) por tres muchachos y una chica, esta última era la voz del grupo. La música que proponían era una variante de *hard rock*. Cuentan que empezaron tocando en el club Sacachispas* y que de a poco fueron metiéndose en el mundo de los boliches nocturnos. A medida que se iba dando esta transición, las letras de sus canciones comenzaron a hacerse cada vez más oscuras, y el espectáculo brindado cada vez más violento (se dice que hasta llegaron a prender fuego una bolsa llena de muñecos de peluche que casi provocó el incendio de uno de los boliches).

Nos costó dar con DESTINO FUNESTO (ya verán por qué denominamos así a esta persona): algunos vecinos lo señalaban como un antiguo integrante de la banda, aunque el suyo habría sido un paso fugaz.

El estribillo de *Inés* no conforma el único ejemplo de la época oscura de Karras. Destino Funesto, según los mismos vecinos, tenía otros.

Nos costó dar con él, pues no parecía estar nunca en la que decían era su casa. Pero perseveramos y llegó un día en el que al fin contestó a la puerta.

Tendría unos cuarenta años. A pesar de una prominente calvicie, sus pelos largos ensortijados (y hasta nos animaríamos a decir que sucios) le cubrían gran parte de la cara. Vestía una ballenera verde, descosida en uno de los hombros, y un pantalón jardinero con la pechera baja. Estaba en ojotas. Con ojos cansados negó en una primera instancia tener alguna relación con Karras. Luego pareció mirarnos con un poco más de interés.

---

* El estadio de Sacachispas Fútbol Club, denominado Beto Larrosa, se ubica en Lacarra y José B. Pazos, Villa Soldati.

—¿Ustedes son los de los mitos? —nos preguntó.

Cuando le dijimos que sí, nos permitió pasar a su casa.

Si de los cabellos de este personaje nos animamos a decir que estaban sucios, de su casa no podríamos menos que asegurar que era un chiquero.

Entramos por un pasillo custodiado a ambos lados por numerosas cajas de cartón apiladas y humedecidas. En el piso había, aquí y allá, charquitos de un líquido espeso, como aceite, quizás el mismo que había humedecido las cajas. Las paredes estaban decoradas con las más diversas manchas, las había granulosas, chorreantes, esponjosas y de todos los colores. Por tratar de discernir la naturaleza de algunos de los componentes de aquel repugnante popurrí, nos llevamos por delante un plato que estaba apoyado en el piso. El contenido del plato, que supusimos alguna clase de alimento canino, salió despedido. Un conjunto de moscas que comía de aquel alimento se revolucionó y voló hacia otro misterioso rincón de la casa. Dos enormes cucarachas, que también formaban parte del festín, desaparecieron bajo una caja.

En el comedor el panorama no mejoró. En un rincón, junto a un mueble metálico lleno de óxido, había un gran cesto repleto de basura, cuyo contenido había rebalsado esparciéndose por buena parte del piso. O sea que sobre la gastada alfombra que cubría el suelo del comedor, alfombra que en su origen habría sido azul pero que ahora era de un celeste grisáceo, podían verse desde bollos de papel higiénico hasta fetas de fiambre en descomposición. Una de aquellas fetas era el "misterioso lugar de la casa" a donde habían volado las moscas. Aunque, pensándolo bien, éstas podrían ser otras moscas.

Para completar el cuadro, en la mesa alrededor de la cual

nos sentamos, había platos con restos de comida, esta vez comida humana: el esqueleto marchito de un racimo de uvas, cáscaras de naranja o mandarina, huesos de pollo, puré...

Nunca quisimos que una entrevista terminara más rápido.

Por suerte, Destino Funesto, fue directo al grano:

—La banda se formó hace un poco más de diez años. No duré ni dos meses en ella. Me curtí a Leila, la minita que cantaba, con el único detalle que era la novia del baterista. Nos cagamos a trompadas con el cornudo ese y me fui a la mierda. Acá en el barrio dicen que tengo grabado un recital, pero es mentira, lo que yo tengo es la cinta de uno de los ensayos.

Destino se puso de pie y fue hasta lo que parecía una montaña de ropa sucia arriba de un mueble. Tiró un par de prendas al piso hasta dejar al descubierto el frente de un equipo de música. De un cajón del mismo mueble sacó un casete y lo puso en el equipo.

La voz de Leila era encantadora. Como si estuviera entonando una especie de ópera-metal, conjugaba salvajismo con entonaciones líricas. Por momentos convertía su canto en una mera recitación, como si estuviera hablando con alguien, entonces alargaba una vocal y retornaba a su tonada ciclotímica, a su himno frenético.

Aquellos discursos entre estrofas eran inentendibles.

Junto a la voz de Leila sonaban guitarra, bajo y batería con el mismo ritmo cambiante.

Un repentino ¡plaf! interrumpió la música. Destino Funesto había detenido la reproducción al mismo tiempo que con la ojota de su pie derecho aplastaba una cucaracha del tamaño de un hámster.

—Hasta acá todo muy lindo —dijo mientras tomaba el

casete. Sus dedos jugaron un instante con la cinta magnética, y volvió a insertar la sesión de ensayo en el compartimiento de reproducción. Apretó PLAY.

Ahora el tiempo retrocedía. El Universo, al menos en la superficie de aquella cinta, había invertido su ley de causa-efecto, y todo fin de estrofa era, en este nuevo orden, su comienzo, y viceversa. Leila ya no tomaba aire para encarar las exigencias del estribillo, sino que a medida que cantaba sus pulmones se llenaban más y más para, al final del aria, exhalar el aire acumulado.

Como si algo de aquella inversión hubiera alcanzado al Universo más allá del casete, Destino Funesto había abandonado su vista adormilada para fijar en el equipo musical unos ojos que, de tan abiertos, daban la sensación de que ya nunca volverían a parpadear.

La música seguía su perfecto retroceso. Sonaba una extraña nota de guitarra, pero ahora la nota no salía sino que se metía en el instrumento, y luego el guitarrista recibía en la yema de su dedo la vibración de la cuerda.

El parche se tragaba el sonido de un golpe cuando el baterista retiraba el palillo hacia arriba.

—¡Ahora! —gritó Destino, señalando con una uña roñosa el aparato entre la ropa sucia.

Entonces la voz de Leila pronunció algo así como: *Bienvenidos a la mierda del abismo...*, y luego siguió la música retrocediendo, indescifrable.

—¡Ahora! —volvió a bramar el dueño de casa.

...el Maestro escupió sobre tu alma... tu alma ya no es tuya... éste es el rock de Cerbero...

Hubo tres alaridos más de Destino, seguidos de otros tantos mensajes oscuros en la cinta.

Precisemos una cosa: los mensajes no eran claros. "Bienvenidos a la mierda del abismo" había sonado más bien como "Bie-menidos-a-a-cierda-dela-bismo". Luego uno lo hace corresponder con una oración entendible.

Cuando Destino sacó el casete del equipo y lo guardó en el mismo cajón de donde lo había tomado, nos dijo:

—Yo tampoco lo creía, pero cuando desaparecieron los de la banda me puse a revisar y encontré los mensajes. Se ve que no me quedé el tiempo suficiente para que me revelaran lo del Pacto. Y también esta *Inés*, por supuesto. Además de las iniciales del estribillo, si dan vuelta "Inés" les queda "Seni". Seni fue un decorador de tumbas en el Antiguo Egipto. A Leila le encantaban todos los misterios de Egipto.

¿Basta todo esto para asegurar que Karras habría llenado sus canciones, pacto satánico por medio, de mensajes subliminales?

En el mundo de la música, son innumerables los casos de intérpretes que, alguna vez, han sido acusados de incluir en su repertorio canciones con mensajes de este tipo. Los Rolling Stones, Ricky Martin, AC/DC, Xuxa, Pink Floyd, The Eagles; y así podríamos seguir por páginas y páginas, llenándolas de nombres de grupos y solistas musicales señalados por dedos censuradores.

Las fórmulas para poder sustraer dichos mensajes suelen repetirse sin importar el intérprete. Van desde poner en reversa la canción (como hizo Destino Funesto con su grabación), hasta combinar palabras o letras (como en las iniciales del estribillo de *Inés*).

¿Es esta diversidad, entonces, la que corrobora la metida de cola del Diablo o de quien fuere en el ambiente musical?

Algunos no se conforman con negarlo, sino que incluso aseguran que esa diversidad demuestra todo lo contrario.

Los que sostienen esta posición afirman que podemos encontrar cualquier tipo de mensaje oculto en el ámbito que se nos ocurra. Garantizan que es sólo cuestión de tiempo y paciencia, que por el puro azar del ordenamiento aleatorio de los símbolos que estemos estudiando se darán, en un momento o en otro, combinaciones que sugieran un mensaje secreto.

Hubo un caso muy interesante, al que podríamos denominar "Drosnin versus McKay", que ilustrará este punto.

Michael Drosnin es autor del libro *The Bible Code* (*El código secreto de la Biblia*), donde manifiesta que en los textos del Pentateuco encontró mensajes en clave que predicen sucesos que ocurrieron miles de años después de los tiempos bíblicos.

Algunos escépticos le cayeron encima al "iluminado" Drosnin, asegurando que su trabajo sólo se trataba de una simple manipulación de probabilidades, que estaba jugando a la lotería después de haber comprado todos los números.

Drosnin volvió a afirmar que lo que había descubierto en el Pentateuco era estadísticamente imposible desde el punto de vista del mero azar, que las probabilidades eran de 3.000 a 1 en contra. Y entonces lanzó su desafío: "Cuando mis críticos encuentren un mensaje sobre el asesinato del primer ministro israelí Rabin codificado en *Moby Dick*, les creeré".

Pero los escépticos no se acobardaron. El matemático de la Universidad Nacional de Australia, Brendan McKay, no sólo encontró lo del asesinato de Rabin en la novela de Herman Melville, sino que también descubrió mensajes sobre el canciller austríaco Engelbert Dollfuss, el presidente libanés René Moawad, los presidentes norteamericanos Lincoln y Kennedy, la primera ministra hindú Indira Gandhi, y más revelaciones acerca de personalidades como la princesa Diana, Martin Luther King y Leon Trotski.

Luego McKay habría dicho: "Lo extraño hubiera sido no hallar esos mensajes. Lo hice como cualquiera puede hacerlo en un texto suficientemente extenso".

Llevando las palabras del matemático al terreno de nuestro mito: escucharemos "mensajes" en todas las canciones que queramos; más canciones escuchemos, más oraciones satánicas hallaremos. El azar y nuestra percepción invocaran profecías que, en realidad, no existen.

Una vez más estamos ante dos puertas, una para los creyentes, otra para los escépticos. Usted decide por cuál pasar.

Destino Funesto elige la de los creyentes:

—Los mensajes no son joda. Karras hizo un pacto con el Diablo, en serio. La historia arranca hace muchos años, de cuando nuestro barrio fue usado como vaciadero de la basura de los fifí de la Capital. ¡Sí, nos usaron de cloaca esos hijos de puta! La cuestión fue que el padre o el abuelo de Leila encontró, revolviendo en el basural, lo que parecía una moneda pero con la cara de un demonio tallada. Leila me la mostró. De sólo mirarla te corría frío por la nuca. Leila me dijo que era una puerta al Infierno, o algo así; que la iba a usar con los chicos de la banda para ser famosos. Después me la curtí y me rajaron. Pero no tengo ninguna duda, ellos después hicieron el Pacto. Me acuerdo que Leila me dijo: "Robert Johnson tenía una moneda como ésta".

Robert Johnson nació el 8 de mayo de 1911, en Mississippi. De pequeño comenzó tocando el arpa y luego la armónica. Pero sería otro instrumento, la guitarra, lo que lo transformaría en leyenda. Se casó en 1929 con Virginia Travis, pero en 1930 la perdió junto con lo que atesoraba su vientre: su hijo. Johnson, destruido, sólo encontró consuelo en la música. Y en el Infierno, según el mito.

En menos de dos años se convirtió en un guitarrista formidable, sus manos se movían de una manera sobrenatural sobre las cuerdas del instrumento. Se afirmó que para conseguir semejante virtuosidad en tan poco tiempo, Robert Johnson había vendido su alma al Diablo: la había entregado a cambio de un talento nunca visto y ocho años de vida para disfrutarlo.

Efectivamente, el legendario *bluesmen* muere el 16 de agosto de 1938, a la temprana edad de veintisiete años, luego de que envenenaran su whisky.

Algunas de sus canciones condimentaron aún más la leyenda.

En *Cross Road Blues* cita un cruce de caminos donde, según algunos, se habría llevado a cabo su encuentro con Lucifer*. En *Me and The Devil Blues*, otro de sus hits, nombra directamente al Señor del Averno cuando dice *I said hello Satan. I believe it's time to go.*

Se dice también que Keith Richards, luego de escuchar una grabación de Robert Johnson, preguntó cuántos eran los guitarristas. Cuando le dijeron que se trataba de uno solo, el *rolling stone* no lo podía creer.

---

* En este cruce de caminos se inspiró el título de la película de mediados de los años ochenta *Encrucijada* (*Crossroads*), basada en la leyenda de Robert Johnson.

Si el mito es cierto, el Demonio se deshizo de Johnson luego de cumplir con lo pactado, luego de darle fama y ocho años en el mundo de los vivos.

¿Qué ocurrió entonces con la fama de Karras? ¿Por qué desaparecieron prácticamente en el anonimato?

—Algo salió mal —Destino Funesto tiene una teoría—. Yo me seguí viendo con Leila, a escondidas. No hablábamos nunca de la banda. Salvo la última vez que la vi. Parece que cuando se dieron cuenta de que la cosa funcionaba, se juntaron para tramar cómo podían engañar al Diablo y no entregarle el alma; al menos algo así me contó ella. Típico argentino, pensaron que eran más vivos que el mismo Lucifer. No me caben dudas de que fue por eso que los borraron de un plumazo. ¿Dónde se fueron, si no? El Diablo se los llevó antes de tiempo; eso les pasó, por giles. Se quedaron sin nada, ni fama ni alma.

Le dimos las gracias y nos fuimos.

No detallaremos las diferentes alimañas que rozaron nuestros pies mientras nos retirábamos, sólo diremos que antes de cerrar la puerta el dueño de casa nos dijo:

—En ese libro de ustedes, no pongan mi nombre. Digan que soy Destino Funesto. Así me iba a llamar si quedaba en la banda.

Dejamos la puerta del ex músico para volver a enfrentarnos a aquellas otras dos puertas, la de los creyentes y la de los escépticos.

Antes de que se decida por alguna de ellas, le dejamos un último dato:

El 11 de diciembre de 2002 el diario *Clarín* publicó una charla que mantuvo con el compositor y productor musical Coti Sorokin.

De entrada el entrevistado lanza unas palabras que recuerdan a Destino de Villa Soldati: "Mi verdadero nombre no me gusta y no se lo digo a nadie".

Coti es el padre de la criatura llamada *Color esperanza*, el super hit de Diego Torres, canción que algunos aseguran está llena de mensajes subliminales.

En un momento el periodista le pregunta:

—¿Soñás con perdurar?

A lo que el compositor responde:

—¿Quién no? Por eso la gente tiene hijos. Igual creo que los artistas nos sentimos atemporales, hacemos pactos medio vampirescos con alguien que no está precisamente en el Cielo...

El periodista retruca:

—¿Vos qué obtuviste con tu pacto? ¿La clave para hacer hits?

Coti lanza una carcajada y culmina:

—Exactamente.

San Nicolás

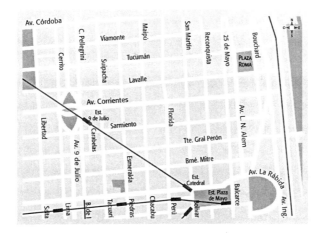

La peatonal Lavalle tuvo su esplendor allá por la década del 40, coincidiendo con la época de oro del cine argentino. Grandes salas cinematográficas se abrían permanentemente y competían en espectacularidad. La denominada "calle de los cines" comenzó su declive entrados los años setenta y con la salida de los videoclubes en la siguiente década, quedó herida de muerte. Para sobrevivir, algunas salas dividieron su espacio físico en varias. Las que no, terminaron en templos evangelistas, otras en casas de oferta de ropa de dudosa procedencia.

Otras desaparecieron definitivamente...

Esta leyenda nos llegó a través de un amigo. A su vez nuestro amigo aseguraba que un amigo del hermano de su novia había "experimentado" el mito en vivo. Al principio, la historia parecía una deformación del film *La llamada* (*The ring*) basada en la japonesa *Ringu*, en la que la visión de una cinta de video produce la muerte del que la ve en siete días, a menos que el espectador haga un par de copias. Pero descubrimos que la leyenda que nos habían contado era bastante anterior, de mediados de los ochenta. Se trataba de un cortometraje llamado *El ómnibus a Berenice,* que se había exhibido en varias salas de Buenos Aires. Por supuesto, los cines de Lavalle no podían estar afuera.

Para saber más de este misterioso corto recurrimos a un personaje, un verdadero memorioso del séptimo arte. Braulio, así se llamaba, nos esperaba en la cuadra de Lavalle al 700. Su aspecto inmediatamente nos hizo recordar a Jerry Lewis en *The Nuty professor*, no sólo por su fisonomía sino también porque llevaba puestos unos enormes anteojos negros.

Cuando empezamos a hablar, sus movimientos enérgicos lo acercaban al Jim Carrey de *Ace Ventura*.

—Hace bastante que no vengo por Lavalle. Es que con el video y el DVD puedo ver más cantidad de material.

—¿Tenés idea de la cantidad de películas que viste?

—Antes llevaba la cuenta, pero ya no. Igual, tengo entendido que en otros países hay gente que me gana y por mucho. Los llaman MP (*movie people*). No me considero tan enfermo de las pelis. Lo que sí, me gané unas cuantas cositas gracias a ellas.

—¿Por ejemplo?

—Concursos, ese estilo. Pero bueno, yendo al punto, no los cité justo acá porque sí. Frente a ustedes, aunque camuflado, tienen al viejo y querido cine *Ambassador*, ahora mancillado por un outlet.

Efectivamente, tras ese vestido descolorido aún pueden apreciarse casi intactas —el cartel con el nombre también— las instalaciones originales.

—Si habré andado por acá. Todavía me dolían los granitos. Era como venir a trabajar, sobre todo cuando daban tres películas. Era muy amigo de Rolando, uno de los acomodadores. Después de que se fundieron, no lo vi más. Se debe haber muerto, seguro.

—Nos adelantaste por teléfono que viste *El ómnibus a Berenice*.

—Ya voy, ya voy. Quiero que se imaginen la situación. Me acuerdo de que ese día era miércoles, por lo tanto las entradas estaban a mitad de precio. Por eso llegué con buen tiempo, por si había cola. Apenas abrí la puerta, sentí que algo diferente pasaba. Le compré la entrada a José, el de la boletería, que siempre era atento pero que ese día ni siquiera me saludó. Pensé que una mala tarde la tenía cualquiera. A los dos minutos se abrieron las puertas de la sala y la gente salió con una expresión de bronca poco común. Yo siempre me fijo en esos detalles para adivinar lo que me puede esperar. En este caso, estaba desorientado.

—¿Qué estaban proyectando?

—*Hitcher, el viajero (The Hitcher*, 1986), una con Rutger Hauer, el memorable nexus 6 de *Blade Runner*. La historia era de un tipo que hacía dedo en la carretera y el que tenía la desgracia de levantarlo lo pasaba mal. Como decía, salió la gente y muchos pero muchos se iban al baño. Lo vi salir a Rolando con un trapo en la mano y tan pálido que estuve a punto de preguntarle si se sentía bien. "Brava la peli, ¿no?", me animé a preguntarle. "Sí, sí", me contestó, "pero lo de antes viene más jodido".

Abriéndonos paso entre mochilas, anteojos y todo tipo de gangas llegamos a la altura donde antes se ubicaban las puertas de la sala. Braulio se ponía cada vez más hiperkinético.

—Entonces —continuó—, donde estamos parados, me cortaron la entrada y me dieron el programa. Marcia, otra de las acomodadoras, tampoco me saludó, se la veía tensa. Entré. Hacía calor. La sala estaba bastante sucia, los programas no solamente tirados, sino también había pedacitos por todos lados. Como era uno de los primeros en la cola me senté bien al medio, pero igual estaba incómodo. Había algo que molestaba. Un olor...

—Olor.

—Sí, un olor a ¡vómito! ¡Eso era! Cuando me acostumbré, empezaron a pasar propagandas. Después de eso vino el corto. Me acuerdo muy bien porque la cámara mostraba una ruta y pensé que ya se trataba de la película. La historia en sí me pareció una boludez —a mí me aburren en general los cortos— y me entretuve comiendo un maní con chocolate que había comprado antes de entrar.

—Amplianos, si podés.

—Se trataba de un pibe y una mina que se conocían en un viaje. Había mucha onda entre los dos pero el flaco no se animaba a avanzar. Entonces, en una estación, se despidieron y tomaron caminos opuestos, pero él se arrepentía y agarraba un ómnibus para ir a buscarla al aeropuerto. Al bondi le pasaba de todo. Se le pinchaba una goma, casi chocaba, se quedaba sin nafta. Lo que estaba bueno era que cuando llegaba, no la encontraba. Es que ella decidía volver a buscarlo a la estación. El corto terminaba con el enamorado mirando cómo despegaba un avión.

—¿Notaste algo raro?

—En el corto propiamente dicho, no. Recuerdo que me rompía un poco las tomas al pedo de señales de la carretera, patentes de los autos, esas cosas. Típico de estos pendejos que recién empiezan y se creen que son Fellini o Coppola (Francis Ford). Ahora, en la sala, sí. Yo tuve un par de ataques de estornudo, no podía parar de estornudar pero más que eso, no. Debo de estar inmunizado. Pero me acuerdo de que tenía un hombre sentado a dos o tres butacas y estaba muy nervioso, tenía las uñas clavadas en los apoyabrazos, hasta en varios momentos me pareció ver que le salía espuma por la boca. Además, otros espectadores se comportaban en forma extraña. Dos chabones casi se agarran a las piñas, una chica iba de un lado al otro de la sala. Cuando empezó la peli, la cosa se calmó un poco. Lo más grave fue uno que se subió al pequeño escenario que separaba las butacas de la pantalla y ¡empezó a gritarle a la proyección! Entre Rolando y Marcia se lo llevaron.

—Nos imaginamos que a medida que fue creciendo el mito del corto intentaste conseguirla.

—¿Cómo? Más bien, pero no está por ningún lado, aunque cada vez son más los que dicen que la vieron. Le agregan cosas y va a terminar siendo un largometraje. Si la localizan, avísenme.

En el INCAA (Instituto Nacional de Cine y Artes Visuales), organismo oficial de la Cinematografía en Argentina, no tienen registrado ningún cortometraje con ese título. Tampoco en otros centros de estudio de cine ni tampoco el nombre del supuesto director, Javier Villarreal (dato aportado por Braulio en una charla posterior).

Buscando una respuesta racional, nos volcamos al mundo de la publicidad. La publicidad subliminal es un tema del cual siempre se polemiza ¿podría ser que nuestro corto tuviera algo en su contexto que no fuera detectado en forma consciente pero produjera reacciones semejantes en el espectador?

Cerca de Lavalle, en una oficina de Carlos Pellegrini y Corrientes, nos recibió FEDERICO B., dueño de su propia agencia de publicidad. Teniendo como telón de fondo el Obelisco, el publicitario nos declaró:

—Se habla mucho de la publicidad subliminal. Les puedo decir que en Estados Unidos se hicieron experiencias registradas. Recuerdo haber leído una en la que se tomaban dos grupos de testeo. Se dividían dos audiencias cautivas en dos salas de cine. En una, se pasaba una película, insertando dentro de la cinta que se proyectaba algunos fotogramas* en donde se mostraba una conocida bebida cola. En la otra sala, se pasaba la película sin intervención alguna. En las dos, se hacía un intervalo en medio del film. Se había montado un puesto de golosinas especialmente. En la sala donde se proyectaron los fotogramas con el producto, se notó una diferencia apreciable con respecto a la otra sala en la demanda del producto insertado en el film. La experiencia se repitió y la tendencia era objetiva.

—¿Y qué se le decía a la gente que participaba en la experiencia?

—Se les preguntaban cosas referidas al film que habían visto. Era imposible que dedujeran por dónde venía la cuestión. Antes de que me pregunten, quiero aclararles que la publicidad subliminal está prohibida porque coarta la libertad de elección del consumidor.

—¿Se cumple esta prohibición?

—En teoría sí... pero el viejo dicho dice que hecha la ley

---

* Un fotograma es cada una de las imágenes que componen una película cinematográfica. Cabe recordar que para animar la imagen de un film se requieren veinticuatro cuadros o tomas por segundo. En el caso del ejemplo citado el producto se introducía selectivamente en algunos cuadros. De esta manera, el ojo no lo percibe conscientemente pero sí el subconsciente.

hecha la trampa. Se le puede buscar la vuelta. Donde se podría llegar a ver más ese tipo de piezas es en gráfica. Es un problema de ética.

—¿Sabía de la existencia de *El ómnibus a Berenice?*

—Sí. La versión que yo tenía era que unos estudiantes para su tesis hicieron un corto y pudieron proyectarlo en algunas salas e incluyeron imágenes subliminales para provocar un efecto. Y parece que lo lograron

"Perdón. Me olvidaba de algo. Casualidad o no, lo que se comentaba era que combinando las palabras del título se podía leer algo sobre un demonio. Nunca supe si fue buscado o no, pero le da clima.

Casualidad o no combinamos las letras y el resultado fue inquietante:

EL ÓMNI**BU**S A **BE**RENICE

Separando las letras resaltadas y uniéndolas se obtiene la palabra BELCEBU.

Belcebú es definido en la demología como "jefe supremo de los demonios". Pero la cuestión no termina aquí. Veamos, entonces, las letras que nos quedan:

E OMNI SA RENI

Si separamos las letras destacadas nos queda la palabra MISA.

Una clara provocación a la celebración cristiana.

EON RENI

Como si no fuera suficiente, EON, correctamente escrito como Eón —que para el gnosticismo significa cada una de las inteligencias eternas emanadas de la divinidad suprema*—, es satirizado con las restantes letras RENI, que re-combinándolas se podrían leer como RIEN.

Lo que nos daría una secuencia como esta: BELCEBU MI-SA EON RIEN.

A grandes rasgos el mensaje sería que el jefe de los de-monios (BELCEBÚ) se burla (RÍEN) de cualquier rama del cris-tianismo tanto ortodoxo (MISA) y heterodoxo (EÓN) a través de este cortometraje.

Esta interpretación, cuanto menos llamativa, nos iba a llevar a otras revelaciones no menos inusuales.

Recorrimos una y otra vez la peatonal Lavalle y las versio-nes fueron finalmente drenando.

ELIO trabaja en una de las salas de Lavalle al 800. Lo en-trevistamos un día por la mañana. Sentado en la escalera y fumando exactamente delante del cartel de *Prohibido Fu-mar* nos comentó:

—Lo dividieron en varias salas para sobrevivir. Lavalle está muy fea. Ahora parece que hablan en serio y van a arre-glar toda la peatonal, incluso hasta la avenida Paseo Colón. Ver para creer. En ese tiempo Lavalle estaba todavía bien. Yo trabajaba en otro lugar y me vine a este cine porque pa-gaban mejor. De entrada, siempre amenazaban con contar-me lo del corto maldito. Tardaron tres años en animarse. Igual, estaban acostumbrados al quilombo. Cuando dieron,

---

* Recordando a trazo grueso que el gnosticismo, doctrina filosófica-re-ligiosa de los primeros siglos de la Iglesia que basa la salvación a través de la gnosis, es decir, del conocimiento absoluto en contrapuesta con la Iglesia posterior.

por ejemplo, *El exorcista*, la gente se cagó en la patas y cuando digo cagó no es una figura. Varias veces encontraron lo que se imaginan en las butacas.

En el caso del corto ese encontraron vómitos, un montón de uñas partidas. El dueño se asustó tanto que hasta trajo un cura para que limpiara la sala. Se comentaba que en el *Ambassador* no lo hicieron y por eso se fundieron. Igual, un distribuidor tenía la posta de que eran los cines de la avenida Santa Fe los que armaron todo para hacernos mala fama a nosotros.

Le preguntamos si sabía el argumento del cortometraje y nos contó una variante, diferente por cierto de la de Braulio.

—Creo que se llamaba *En camino a Beatriz* o algo por el estilo. Se trataba de un muchacho que tenía problemas psicológicos y quería matar a su novia. Se tomaba un ómnibus. Mientras viajaba, no paraba de imaginar las cosas que haría cuando la alcanzara, pero en el camino, el ómnibus tenía problemas de todo tipo. La novia debía tomarse un avión y como él no llegaba a tiempo, ella se salvaba. Se conoce que las cosas que se imaginaba el novio eran muy fuertes, demasiado reales. Me hablaron de que metieron escenas de películas *snuff,* ésas en la que filman torturas y hasta asesinatos. De todas maneras, lo peor pasó cuando salió la gente del cine. Un grupo de jóvenes, que ya estaba haciendo bastante lío en la sala, se fue a una casa de jueguitos electrónicos de la otra cuadra y rompió varias máquinas. Una pareja se peleó en la puerta del cine y el novio la mandó al hospital. Según cuentan, en todas las salas que se emitió el corto, durante y después, hubo problemas, hasta un asesinato.

Interrogamos a Elio acerca de cómo llegó el consabido corto al cine.

—Hay muchas versiones. Supuestamente era como parte de un concurso que organizó el Instituto de Cinematografía, en esa época. Pero otros hablan de una persona con un maletín —otras nombran a varias— y que habría pagado para pasar el corto, alguien de la familia del director, dicen.

Por último, y para tener un panorama más amplio de nuestro mito, entrevistamos a Lautaro V., muy ligado a la industria cinematográfica.

Estudio de grabación Int. Noche

El estudio no es muy grande. Los focos de iluminación están apagados menos uno. El que está prendido apunta al que deducimos es nuestro entrevistado.

Al acercarnos, vemos a un hombre obeso, de unos cuarenta años sentado en una silla de director con el nombre de John Ford. Tiene su abundante pelo atado con una colita, la cual se revisa permanentemente. Un tic nervioso más que evidente. Se presenta y nos da la mano, una mano regordeta y sudada, lo que refuerza la sensación de tensión. Temiendo que dilatar la cuestión canse a nuestro entrevistado, vamos al punto rápidamente.

INVESTIGADORES

Vos tuviste ocasión de ver el corto, y tenemos entendido que su visión te produjo trastornos inmediatos y mediatos.

Lautaro se sacude un poco, signo evidente de escalofríos. A su vez, se limpia gotas de sudor de su frente.

LAUTARO

¿Se nota mucho? Sí, la verdad que me hizo mierda.
Este muchacho, Javier Villarreal, se esmeró mucho por
cierto para lograrlo. Tal vez, si lo viera ahora, no me
afectaría tanto, pero quince años atrás sí. Yo tenía una
videocasetera profesional, de alta precisión. Con esta
ventaja, al video lo atrasaba o adelantaba, congelaba las
imágenes. Todo eso hasta el ataque.

INVESTIGADORES

¿Ataque?

LAUTARO

Empecé a tener convulsiones, me salían lágrimas,
mejor dicho las lágrimas me saltaban de los ojos, parecían huir, y tenía la espantosa sensación de que había
una presencia detrás de mi espalda, algo maligno sin duda. Después cometí la estupidez, de la cual me arrepen-
tí siempre. Si quieren, más adelante se las cuento.

INVESTIGADORES

¿Podrías relatarnos en qué consistía el corto *El ómnibus a Berenice*?

Lautaro se levanta de su silla y entrando en las sombras, va hacia un lugar a escasos metros de donde nos
encontramos. Trae algo en la mano. Es algo que se ase-
meja a un pañuelo. Seca nuevamente el sudor de su frente. Respira hondo varias veces y continúa.

LAUTARO

Cuando a Orson Wells le ofrecieron dirigir una película, después del famoso episodio de *La Guerra de los Mun-*

dos*, él declaró desconocer el lenguaje cinematográfico por completo. Un productor, sin intimidarse, le alcanzó un manual de guión técnico y otro literario y le dijo: "Leé estos libros y sacale el mayor provecho". Y Orson sencillamente utilizó TODOS los recursos, creando uno de las más grandes films de todos los tiempos, *Citizen Kane*. Cada escena es un prodigio de técnica y narrativa. Bueno, salvando las distancias y siendo un corto, Javiercito echó mano a todo lo que encontró. En lo formal, la historia es simple: chico conoce chica. Hay *feeling* pero la situación no se define. Cuando chico se decide a conquistar a chica, ella parte. Chico inicia un *tour de force* para conquistarla. Cuando creemos que todo va a salir bien, se produce un desencuentro. Fin. En lo que podríamos llamar metalenguaje, o lenguajes subyacentes o como carajos quieran rotularlos empieza lo increíble y lo ¿peligroso? también. Javier Villarreal investigó mucho sobre culturas.

INVESTIGADORES

¿Conoció personalmente a Javier Villarreal?

LAUTARO

No personalmente. Pero después de semejante visión me interesé sobre este muchacho. Yo recién empezaba en el medio —en ese momento era delgado y muy inquieto. Fui encontrando datos y despacito armé el rompecabezas. Villarreal, como Orson, no era del ambiente. Era un estudiante de antropología, de un muy buen pasar y

---

* En una teatralización del libro *La guerra de los mundos* de H. G. Wells, en donde los marcianos atacan y conquistan la Tierra, y a través de una audición radial, Orson Wells produce un pánico tal, que la gente sale a las calles pensando en que la ficción es real, incluso se producen algunos suicidios.

decidió hacer este corto como regalo a su novia, que es la chica del film precisamente. Holandesa, para ser exactos. Y que Villarreal habría conocido en un viaje a Egipto. Qué nivel, ¿no? El problema es que esto se le fue de las manos. En la filmación tuvieron dificultades extraordinarias. Por ejemplo, accidentes insólitos, demoras que aumentaban los costos que financiaba en parte el mismo Villarreal y alguien más, desconocido hasta ahora. Después del estreno, quedó tan aterrado que se fue con su novia del país y no volvió. Es más, el pibe que hacía de novio, tuvo muchos problemas psicológicos. Se le había quedado pegado el personaje. Tuvo una depre de la cual no lo pudieron sacar nunca. Se mató tirándose debajo de un camión, creo. Lo más patético fue que en la casa encontraron una carta dirigida a Irina, el personaje de la chica en el corto. Pobre pibe.

INVESTIGADORES

Nos hablaste del aspecto formal y de las anécdotas pero nos gustaría saber más sobre los aspectos ocultos de la trama.

LAUTARO

Como dije, Villarreal era un estudiante de antropología. Estudió religiones antiguas. Las locaciones que eligió para el viaje del novio, son semejantes a las de la península del Sinaí, las señales de tránsito tienen una simbología tremenda.Y podríamos seguir así indefinidamente.

Le comentamos el tema de lo subliminal y el mensaje del título. Lautaro se rió un rato largo. Instintivamente miró detrás de su hombro.

LAUTARO

Esto fue más allá de todo. Es la batalla entre el mal y el bien y está documentada en este corto. El ingenuo de Javier se pensó que podía meterse en semejante bardo y salir ileso. Lo bueno de todo esto es que lo hizo un tipo de acá, es nuestro orgullo también. Se pasó de la raya pero es nuestro. Y por eso ahora, les voy a contar por qué digo que cometí una estupidez. Después del ataque me asusté tanto que me fui a la cocina, rocié la cinta con alcohol y le prendí fuego. No quedó nada. Nunca más pude verla otra vez. Lo más cómico es que otra gente hizo versiones truchas en video. Nada que ver.

Dejamos a Lautaro con la sensación de que era una persona muy imaginativa. ¿Cuánto había inventado? Por supuesto, son las reglas implícitas y aceptadas de las leyendas urbanas.

Al finalizar la redacción de este volumen, cayó otro coloso de Lavalle, *El Monumental*. Se muere inexorable, bajo las garras de la modernidad. En la puerta hay un cartel rojo, discreto pero mortal, que dice: REMATE.

Allí estaremos para honrar a otro amigo que se va. Y a lo mejor, entre sus tesoros, estará la lata perdida de ese corto misterioso.

Quién sabe.

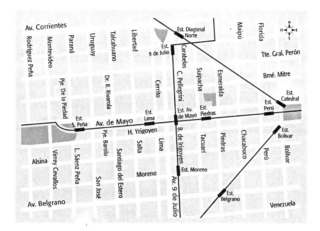

Canto Primero

Terminada la Primera Guerra Mundial, y con la vieja Europa aún lastimada, hubo un arquitecto italiano que tuvo una grandiosa idea. El arquitecto se llamaba Mario Palanti y su idea era nada más y nada menos que la de traer las cenizas del inmortal Dante Alighieri y depositarlas en un monumento en su honor y en una de las capitales —en esa época—, más pujantes del mundo.

Luis Barolo era un empresario textil italiano muy exitoso que, además de hacer buenos negocios, deseaba dejar un valioso testimonio de su paso por este mundo.

Barolo se propuso hacer el edificio más alto de Buenos Aires, sin importar el costo.

Palanti se propuso utilizar toda su creatividad para homenajear al escritor itálico.

Tendría que ser algo único. Inspirado en la obra máxima de Dante: *La Divina Comedia*.

El denominado Palacio Barolo fue construido, pero las cenizas no se pudieron trasladar a Buenos Aires.

Ésta es la historia oficial.

Pero habría otra historia.

Después de morir en la ciudad de Ravena en 1321 —deportado desde hacía veinte años de su amada ciudad de Florencia— el cuerpo de Dante empieza una serie de idas y venidas que duran siglos hasta que, finalmente y para el séptimo centenario, es ubicado y supuestamente identificado. En el trayecto, los restos de Dante habían desaparecido tres siglos y reaparecieron en un convento medieval en Ravena. Lo curioso es que en esos años aparecen otros restos que son atribuidos a Dante Alighieri.

La historia oficial cuenta que Palanti/Barolo solicitaron al gobierno italiano las cenizas del escritor para protegerlas de una Europa en plena Primera Guerra Mundial y años subsiguientes. Pero sin éxito.

La leyenda cuenta otra cosa.

Es sabido que Dante, al igual que Mario Palanti, pertenecía a la *Fede Santa*, una logia masónica de origen medieval. Lo que no es muy sabido es que otros miembros de la logia habrían organizado la salida de los verdaderos restos del creador, ya que los encontrados en ese convento cerca de Ravena eran falsos. Estos miembros se habrían contactado antes con Palanti sugiriéndole que hiciera el pedido para alejar cualquier sospecha.

Un barco de poco calado y de nombre *Calabria*, llegó al puerto de Mar del Plata en los primeros días de febrero de 1921. La carga del buque registraba una bodega repleta de muebles trabajados a mano. Uno especialmente cuidado con un sello de la *Fede Santa* en la tapa exterior. Por su parte, Palanti había diseñado una escultura que llamó *Ascensión*, donde descansaría Dante en el pasaje que cruza ventralmente el edificio. Esa escultura se terminó "casualmente" en esa ciudad atlántica. Nadie supo bien qué pasó con ella. Los dos integrantes de la *Fede Santa* que viajaban en el *Calabria* y custodiaban la valiosa carga, por algún motivo, decidieron transportarla de otra manera.

¿Para qué semejante operación, corriendo el riesgo de ser descubiertos?

¿Para qué esconder los restos en alguna parte del edificio? ¿Sólo para satisfacer el capricho de un arquitecto?

Canto Segundo

El Palacio Barolo está ubicado sobre avenida de Mayo al 1370 y tiene, como ya dijimos antes, un pasaje en su planta baja, lo que permite la circulación desde la avenida de Mayo hasta la calle Hipólito Yrigoyen.

La carga simbólica es tan grande que decidimos hacer una recorrida con un experto, Eneas B., arquitecto y estudioso de la obra de Dante.

—Donde estoy yo parado en este momento es el lugar donde hubieran colocado los restos de Dante Alighieri —afirma Eneas—. Todo este verdadero palacio —que deberíamos llamar con más corrección Templo— respeta la sección áurea, y el número de oro, de origen sagrado. ¿Por qué digo esto? Porque, según la tradición, esta medida fue la dictada por Dios a David para construir El Templo de Salomón. Por otra parte, el edificio tiene 100 metros, igual al número de cantos de la *Divina Comedia*. Y fíjense la elaboración de Palanti: los pisos del Barolo están divididos en 11 módulos por sección, un total de 22 por cada piso, que equivalen a idéntica cantidad de estrofas de los cantos, que oscilan en su mayoría en ese guarismo. Como imaginarán, Palanti divide al edificio en tres secciones: Infierno, Purgatorio y Paraíso. La construcción está coronada por una torre y un faro de 300.000 bujías que representa los nueve cielos.

Saludamos a Carlos, el conserje, y le comentamos acerca de nuestro trabajo. Dejamos nuestros documentos a cambio de que nos permitiera hacer una recorrida. Accedió. Entonces, subimos unas amplísimas escaleras de mármol, hasta el primer piso. Allí nos esperaba una sorpresa.

—En la parte central y si nos asomamos por aquí —continuó muy entusiasmado Eneas— vemos el lugar exacto donde hubieran estado los restos de Dante Alighieri en el Pasaje. Podemos notar que esos dibujos son de neto carácter Masónico. El mármol en el cual están apoyados ahora ustedes es de Carrara, y proviene de la zona de Florencia, de donde el escritor italiano era oriundo. Este mirador está pensado para tener que arquear el cuerpo para poder ver la tumba de Dante, una clara forma de homenaje. ¿No es algo notable?

Canto Tercero

Qué mejor lugar que la sede de la Masonería Argentina, ubicada en la calle Juan Domingo Perón al 1200 para averiguar sobre el tema. El edificio tiene una biblioteca, la Joaquín V. González.

Después de pasar más de tres veces —la biblioteca tiene un horario muy reducido— logramos acceder a ella.

Esa tarde, el tránsito por esa calle era particularmente pesado. Un piquete a pocas cuadras desviaba los vehículos por Perón y una progresiva orquesta desafinada de bocinas y nervios iban y venían por el asfalto.

Alguien nos abrió la amplísima y pesada puerta, y apenas se cerró nos pareció entrar en otra dimensión. Una dimensión de silencio.

Adaptándonos a la penumbra pudimos ver a la persona que nos había abierto. Era un hombre de mediana edad y de riguroso traje.

Hizo un ademán indicándonos el camino hacia la biblioteca. Allí había más luz, una tenue luz amarilla que iluminaba una generosa cantidad de volúmenes.

El hombre se sentó delicadamente detrás de un escritorio y nosotros hicimos lo mismo (había dos sillas).

—¿Qué necesitan? —preguntó en voz baja.

Le comentamos, también en voz baja, qué buscábamos.

—¿No serán periodistas? —preguntó elevando un poco más la voz—. No nos interesa la publicidad, no porque sea mala, sino porque el periodismo deforma todo. Nosotros tenemos una rica historia en nuestro país y no nos gusta que sea pisoteada.

Le aclaramos que no éramos periodistas sino recopiladores de historias.

El hombre se arrellanó en su silla y se arregló la corbata:

—No son los primeros que vienen a preguntar. Últimamente se acercó mucha gente, incluso del Gobierno de la Ciudad. Tengo entendido que están haciendo refacciones en el edificio. A todos les explicamos, y ahora les explico a ustedes, que nosotros no tenemos nada que ver con ese emprendimiento. La *Fede Santa* no tuvo ni tiene contacto con nosotros.

Le comentamos la historia del *Calabria* y la teoría de que Dante descansa verdaderamente en el Barolo.

El hombre pareció dar un leve respingo y cerró involuntariamente los párpados pero contestó rápidamente, siempre en voz baja:

—Un disparate, un verdadero disparate. Les quiero aclarar cuáles son algunos fines de nuestra noble causa. La misma causa que guió al general San Martín, la misma que ofrendó la vida de hombres como los doctores Roque Pérez y Manuel Argerich en la época de la fiebre amarilla y podría seguir indefinidamente. No somos magos, eso es basura. La masonería no es una religión. Deseamos el bien común y estimulamos la reflexión.

—¿Por eso habla tan bajo? —le disparamos.

—Efectivamente —dijo tomando una profunda bocanada de aire—, el silencio estimula la reflexión.

—No le parece un poco ingenuo que...

—No sea intolerante y déjeme terminar el concepto. Además, hoy es jueves y estamos en Asamblea.

Para cambiar de tema lo interrogamos acerca del material de la biblioteca. Libros de ciencias en general. Nada "raro", según sus palabras.

El masón dio por concluida la charla cuando se levantó de su asiento.

Nos condujo otra vez hacia la salida pero antes de abrirnos la puerta nos dio un dato.

—¿Conocen el bar *36 Billares*? Busquen al señor Horacio. Un personaje muy pintoresco. Él tiene muchas historias.

Nos dio la mano y nos sonrió por primera vez.

—Pueden venir cuando gusten —dijo finalmente.

Salimos y el ruido de la ciudad nos golpeó en la cara. El ruido y un cúmulo de dudas.

Canto Cuarto

El *36 Billares* es un muy tradicional bar de la zona. Esta confitería-monumento histórico data de 1894 y mantiene un cálido estilo en madera en avenida de Mayo al 1300. Su nombre se lo dan justamente las 36 mesas de billar y pool que se encuentran entre su planta baja y su subsuelo.

Corroboramos que Horacio existía. Era algo así como una institución. Un gran jugador de pool, entre otras cosas.

A través del personal del bar concertamos una entrevista.

Esa tarde de viernes, lluviosa, pesada, iba a ser una tarde de revelaciones.

Una moza nos llevó hasta el subsuelo. Horacio estaba en plena partida.

—¿Ustedes son los que buscan cosas sobre el Barolo? —preguntó ese hombre canoso, bastante obeso y de voz ronca, mientras le ponía un poco de tiza al taco.

Asentimos.

—Saber es como jugar, muchachos, y no hablo de leer libros sólo, sabiduría de la vida. Hay que observar, ser curioso, preguntar y para saber hay que ser humilde. ¿Ustedes se preguntarán, por ejemplo, cómo voy a meter la negra entre tantas bolas rayada? Observen.

Horacio se apoyó suavemente sobre una de las bandas, probó con su taco e hizo un par de ensayos. Aguantó la respiración y tiró. La bola blanca hizo una comba pasando entre las tres rayadas que, como minas a punto de explotar, regaban el paño, e impactó en la negra. El impulso parecía muy violento y daba la sensación de que esa bola se pasaría. Pero no. Rozó una de las rayadas y al corregir la trayectoria y el impulso, fue a una de las troneras. Hasta sus rivales lo aplaudieron. Después de darse la mano y unos pesos —habían apostado dinero—, Horacio nos invitó a jugar. Después de ver semejante demostración, preferimos pasar.

—Igual, vamos a jugar.

Dispersó las bolas por el paño.

—Al principio era el caos, muchachos. Pero ahora juntamos las bolas y les ponemos el triángulo. Tenemos más orden. Por supuesto, si les saco el triángulo y les doy con la blanca, hay caos de vuelta. Pero es un caos que voy reduciendo yo siempre o casi siempre, je, je, je.

No sabíamos a dónde quería llegar.

—Bien, ahora están todas juntas. Voy a sacar todas menos tres. Voy a dejar una en cada esquina. Saco el triángulo. ¿Qué ven?

—Tres bolas equidistantes.

—¿Nada más? Observen. Les doy una ayuda. Si trazamos dos líneas, tenemos algo.

—Una cruz.

—Bien. ¿Y en qué hemisferio estamos?

—Sur.

—Por lo tanto tenemos...

—La Cruz del Sur.

—¿No querían saber por el Barolo?

Seguíamos sin entender.

Horacio guardó su taco en un estuche y tomó una bolsa que estaba a un costado y nos pidió que subiéramos. Café de por medio, prometió que nos contaría algunas cosas.

Nos sentamos en una mesa con vista hacia la calle.

Horacio extrajo algo voluminoso de su bolsa. Era un enorme cuaderno de tapas en cuerina bastante deteriorado. El volumen estaba lleno de recortes, dibujos, fotos y demás anexos.

—Este cuaderno era de mi abuelo. Fue mozo de acá, muy jovencito. Él conoció a Palanti y a Barolo. A ver... En una de estas páginas está la firma de Palanti. Era por esta parte. Esperen. Ya llego. ¡Acá está! ¿Rara, no? Desde chico me hablaba del secreto del Barolo. Tanto jodía que logró interesarme. Desde entonces observé y observo. Y espero.

—¿Qué secreto?

—Este Palanti no tenía ni un pelo de boludo. Por lo que investigué, "el secreto" tiene que ver con la alineación de la Cruz del Sur los primeros días de junio a eso de las ocho menos cuarto de la noche. Algo pasa. ¿Saben la historia de Remigio Lattuada?

Negamos.

—Remigio era uno de los porteros del Barolo allá por el 55. Se cuenta que algo sabía porque se subió al faro de la cúpula y se quedó ahí un 4 de junio de ese año, si la memoria no me falla. Al otro día sólo encontraron las ropas. Algunos comentan que los de la Revolución Libertadora lo bajaron de ahí de prepo. Remigio era muy peronista y dicen que quería poner una silueta de Evita y Perón y encender el faro. Pero yo digo que encontró el pasaje.

—¿Qué pasaje?

—Al otro lado, muchachos, al Paraíso. Y si Dios quiere

y me da salud, el 2021 es la fecha. Él viene para acá y yo voy para allá sin escalas.

—¿Pero quién viene?

—Dante Alighieri, quién si no.

Canto Quinto

Debíamos aclarar todo.

Nos encontrábamos ante un mito convoy, casi una novela. Un novela al estilo *El código Da Vinci*, que incluía la sección áurea y el número de oro representados por Mario Palanti. Y ante "el secreto", un abismo de misterio.

Cruzamos la calle y esa tarde lluviosa nos aportaba más dudas. Nos esperaba una visita guiada. No era la mejor tarde para volver al palacio. La lluvia se pegaba a la cara y no había forma de evitarla, como tampoco las últimas palabras de Horacio:

—Averigüen si estoy equivocado. En las oficinas que originariamente eran de Barolo, ahora hay unas de la SIDE (Servicio de Inteligencia del Estado). ¿Ustedes creen que es una casualidad? Es algo que no saben cómo manejar.

Cuando llegamos al pasaje Barolo, la visita guiada había comenzado. No teníamos exclusividad del guía. Había un grupo de turistas españoles. El guía les explicaba alguna de las frases en latín que coronaban el techo del pasaje.

El tono del guía apenas disimulaba su monotonía. Era más que evidente.

Cuando subimos al primer piso, la cuestión se puso interesante. Después de relatar más o menos lo que ya nos había contado el arquitecto Eneas B., el guía comentó:

—Este piso, diferente en su estructura del resto, antiguamente se lo reservó Luis Barolo para vivienda o también oficinas.

Era nuestra oportunidad. Preguntamos por lo de la SIDE.

El pálido guía adquirió en segundos la apariencia de un fantasma. El rostro blanco y los ojos súper abiertos. Después se rió, una risa enlatada.

—Realmente, desconozco qué pueda haber ahora —fue su respuesta.

Subimos por los ascensores tipo jaula originales hasta el piso 15.

Ante cualquier comentario del guía los españoles decían *coño* o *joder.*

—Vamos a subir hasta la torre, que representa el Paraíso. La construcción tiene una influencia hindú y representa la unión tántrica, en la figura de Dante y Beatrice en la *Divina Comedia.*

Un par de *coños.*

Recorrimos un pequeño pasillo.

Había que subir siete pisos por una escalera o hacerlo por un pequeño ascensor para dos personas.

Optamos por las escaleras.

Lo curioso era que éstas se iban estrechando, el paso era cada vez más angosto, una clara metáfora de la difícil ascensión al paraíso.

Durante los primeros cinco pisos, al salir de los ascensores, había algunas oficinas.

Después de franquear una puerta bajo llave, accedimos a la base de la torre.

Dejamos varios *joder* atrás y tomamos la delantera.

Uno de nosotros en el apuro calculó mal y se dio la cabeza contra una viga. Finalmente y para llegar a la cúspide, el paso era muy limitado y había que esforzarse.

Pero ahí estaba el faro, una estructura considerable pintada de negro, y también estaba la vista, una increíble vista de la ciudad. Y la sensación de estar en un lugar importante.

El guía seguía recitando su lección:

—Hasta la construcción del edifico Kavanagh en 1935, el Barolo fue el edificio más alto de la ciudad.

"Un hecho curioso fue cuando la pelea de Firpo-Dempsey en el año 1929. En esa memorable pelea el argentino Firpo derriba al norteamericano Dempsey del ring, cosa que automáticamente debería darle la victoria a Firpo. Este faro que ven aquí tenía dos colores. Si ganaba Firpo, aparecía verde, si no, rojo. Lógicamente, después de sacarlo del ring, se apresuraron a poner el verde. La gente que seguía atenta la pelea vitoreaba el nombre de Firpo pero como se sabe, al volver Dempsey al ring finalmente le ganó la pelea al argentino.

Aprovechamos para preguntarle por Remigio Lattuada, por la Cruz del Sur y la alineación en junio, por "el secreto".

Nuestro guía estaba acorralado.

Lo que nos contestó amplió aún más el misterio.

—Eso es lo que decía Bastía.

—¿Quién? —preguntamos al unísono.

—El inspector Próspero Bastía. Mejor dicho, el libro que escribió. Ahí se investigan hechos extraños; entre ellos, hay un capítulo dedicado al Palacio Barolo.

Preguntamos de inmediato dónde podíamos conseguir ese libro.

—Vayan a la *Unione e Benevolenza*. En la biblioteca, hay de todo. Ahora si me permiten...

Canto Sexto

—De acá salió todo —nos comentó MARÍA ELSA (empleada de la biblioteca Nicolás Repetto perteneciente a la Asociación *Unione e Benevolenza*, que funciona en J. D. Perón al 1300, a una cuadra del edificio de la Masonería Argentina)—. Nosotros guardamos la primera bandera italiana creada por Giusseppe Garibaldi. Hasta tiene manchas de sangre. El pasado está acá, chicos.

Nos mostró ediciones de la *Divina Comedia* y seguimos buscando información sobre Barolo y sobre el tal Próspero Bastía. La bibliotecaria tenía un entusiasmo poco común, todo lo contrario a la experiencia de la otra biblioteca. Era lo opuesto al silencio.

—Yo tenía... este volumen de Ciudadanos Ilustres italianos. Acá está. Barolo. Y por aquí Palanti. Es que en esa época no era como ahora. Cuando moría uno de estos personajes, iba todo el mundo al sepelio. Muchas procesiones salían de la *Unione*.

Mientras la bibliotecaria movía sus dedos como haciendo pases mágicos, nosotros admirábamos las instalaciones.

—Miren, chicos, yo estoy casi segura de haber visto el libro de Bastía. No es la primera vez que me lo piden, pero veo en ustedes un legítimo interés. ¿Pueden pasar mañana?

Estuvimos al día siguiente.

Y allí estaba.

Un libro pequeño de tapa dura, las hojas amarillentas y con fuerte olor a humedad.

Quehaceres y Pareceres, un título muy poco sugestivo, pero hojeando el índice nos encontramos con un capítulo sobre el Barolo. "EL PALACIO DE DANTE" se llamaba.

María Elsa nos contó que, en realidad, el verdadero nombre de Bastía era Battistessa y por eso tenía un lugar en la biblioteca de la *Unione*. No podía precisar si era pariente del fenomenal traductor de la *Divina Comedia*.

En el prólogo aclaraba que él había sido Inspector de la Federal y que de alguna manera, este libro era su legado.

A continuación, extractamos los pasajes más sobresalientes de este extraño trabajo:

¿Acaso nuestro amado país podía ser el núcleo de un acontecimiento único en la historia?

El deseo de trascendencia es inherente a todo ser humano. Si el individuo tiene riquezas y poder, sus posibilidades aumentan. Luis Barolo era uno de ellos. Llegó, como muchos inmigrantes, con grandes ilusiones a cuestas y, en su caso, fueron coronadas con éxito. Con una pequeña fórmula familiar hizo de sus casimires, un objeto de admiración en la sociedad porteña. Cubiertas todas sus necesidades básicas y otras por demás no tan básicas, los problemas en la tierra ya estaban solucionados. Pero Barolo quería ir más allá. ¿Había forma de "comprar" un terrenito en el cielo? Para su buena fortuna, se cruzó con otro italiano, el arquitecto Mario Palanti, un hombre muy consustanciado con el espíritu gótico y convencido de transformar la vida median-

te la arquitectura. Pero con una ambición desbordante y picos de delirio muy importantes, y amante del genio, también itálico, Dante Alighieri.

Barolo-Palanti fue a partir de ese entonces la fórmula perfecta.

Si financiaba su obra, Palanti prometía a Barolo inmortalizarlo en un edificio que llevaría no sólo su nombre sino que, además, sería uno de los privilegiados en "el gran proyecto". ¿En qué consistía el mismo? En no sólo traer las cenizas del gran escritor, sino ¡traerlo a la vida nuevamente! y a cambio de ello, unas cuantas almas ascenderían sin escalas hacia el Paraíso, entre ellas, la de Barolo.

Desafortunadamente, Luis Barolo falleció antes de ver finalizada la obra. Cuando estuvo terminada, Palanti y su avidez sin límites lo llevaron a cruzar el charco y tantear el Uruguay. Allí encontró a otras dos "víctimas": los hermanos Salvo. Y en 1929 se erige en la ciudad de Montevideo lo que se llama El Palacio Salvo, muy parecido al Barolo, un poco más alto y con reminiscencias renacentistas.

A partir de ese momento, la investigación-relato toma un giro insospechado.

Todas las puertas se me cerraban, cada boca callaba y todos preferían el olvido. El episodio Lattuada merecía una explicación pero nadie estaba dispuesto a darla. ¿Cómo podía ser que un hombre simplemente desapareciera?

Como en muchas películas, Bastía se hace pasar por personal de limpieza del Barolo.

Después de comparar los planos originales y estar en la Sala de Máquinas, del piso 14, hay cosas que no coinciden. ¿Podría encontrarse una especie de motor o usina desconocida que Lattuada accionó accidentalmente?

En su gran obra, Dante ubica la entrada de los Cielos por la constelación "La Cruz del Sur". Sabemos de la alineación de la misma los primeros días de junio debajo del faro de la torre del Barolo. Lattuada desapareció precisamente en ese mes.

Mi investigación no concluye y los interrogantes aún son enormes y de una dimensión impredecible.

Los nuestros también, y tal vez de este mito venga la costumbre de considerarnos el centro del universo.

El enigma permanece abierto. Sólo nos queda mirar el cielo los primeros días de junio y esperar.

En silencio.

Barrio Norte

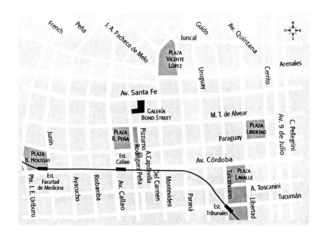

"Yo tengo desde Cristo hasta el diablo", afirma Alberto, más conocido como el Mago Ilustrado, en el libro de Silvia Reisfeld *Tatuajes: una mirada psicoanalítica*. Alberto se refiere a las imágenes tatuadas que exhibe en todo el cuerpo, como si en su piel se desarrollara toda una cosmogonía, con su Cielo y su Infierno, con sus ángeles y sus demonios.

Como él, millones de personas en todo el mundo desafían la prohibición que grita la Biblia:

> *No haréis incisiones en vuestra carne por los muertos;*
> *ni os haréis tatuaje.*
>
> Levítico 19:28

La práctica del tatuaje siempre estuvo relacionada con los ritos paganos, de allí que no esté permitida en la religión cristiana. ¿Pero es ésta la única razón de palabras bíblicas tan categóricas?

Existe un mito urbano que dice que no, que hay algo más detrás de la prohibición del Levítico.

Carla B. (cuatro tatuajes en el cuerpo): "Un tipo me dijo una vez «cuidado con las calaveras, piba; hay una que está prohibida». Podía estar borracho o drogado. Igualmente nunca me tatué calaveras, no me gustan".

Aldo P. (seis tatuajes): "Es un cuento para bobos. Algunos dicen que es una calavera, otros que es un tribal con víboras, y que si te lo dibujan empezás a sentir voces y te volvés loco. Mejor que el mito exista, así los cagones, los nenitos de mamá, se mantienen alejados de nosotros. El tatuaje es para valientes, loco".

Veamos ahora una versión apócrifa del mismo versículo bíblico que transcribimos:

No haréis incisiones en vuestra carne por los muertos; ni os haréis el tatuaje.

Dicha versión, según los defensores del mito, es la real. La que aparece en la Biblia está incompleta, dicen, por error del copista.

Sin embargo, por lo que vimos, Carla y Aldo no se toman muy en serio el asunto del tatuaje prohibido. Pero vayamos a alguien que sí lo hace, un hombre que dedicó muchos años de su vida a perforar y entintar pellejos humanos. Dijo llamarse Rubén C.:

—Yo tatué mucho tiempo en la galería Bond Street. Muy pocos saben por qué dejé de tatuar. Fue por esa figura de mierda.

—¿Conocías la historia del tatuaje maldito? —preguntamos.

—Había muchos cuentos con respecto a las agujas que se usan y a las tintas, pero eran todas macanas; y siempre pensé que la historia esa era una pavada más, nunca le di importancia.

—¿En qué consiste el tatuaje del mito?

—Algunos dicen que es una calavera que en su parte trasera tiene la forma de un ratón. Pero con ese tatuaje nunca tuve dramas.

Estamos en el cuarto de Rubén. Las paredes están forradas de posters y láminas referidas al mundo del tatoo. La única luz surge de un velador cuya tulipa simula una gárgola.

Le pedimos que diera más detalles de la calavera-roedor.

—En el dibujo, la división media del cráneo se convierte en una pequeña columna vertebral rematada por patas y rabo de ratón. Pero les repito, yo no tuve problemas con esa figura. El quilombo fue con la otra. La llaman "El rostro de tribal*". Hoy en día casi no se ve en ningún lado, es muy antigua. No me pidan que se las dibuje. Imagínense una cara media humanoide formada por tribales que repiten un mismo motivo en toda la figura: dos serpientes formando un ocho, una mordiéndole la cola a la otra y viceversa. Algunos dicen que es ésta y no la calavera la figura prohibida.

Habíamos atravesado numerosas entrevistas con gente fumadora. Nuestros interlocutores nos arrojaron al rostro los humos de cigarrillos, habanos, pipas..., pero el humo de dos cigarrillos simultáneamente, jamás. Rubén hizo eso. Sacó dos paquetes de cigarrillos, de marcas diferentes. Eligió un cigarrillo de cada paquete y los unió con un apósito. Acto seguido prendió los dos y los empezó a fumar.

---

* En el mundo del tatuaje los tribales son franjas de cierta longitud formadas por un diseño o motivo que se repite.

—Es como el que prepara mate y mezcla dos tipos diferentes de yerba —nos dijo—. El sabor directo de un tabaco suave y otro fuerte es hermoso, es un equilibrio. Y cuando se empieza a quemar el pegamento y la gasa de la curita, es lo mejor. Ahí en la Bond Street aprendés de todo. Es otro mundo, un mundo de escaleras y música y tatuajes...

Aquella última palabra pareció recordarle la razón de nuestra presencia delante de su par de cigarrillos. Su mirada nos pidió, a través del humo, que habláramos de cualquier otra cosa, de la galería, de los cigarrillos, pero no del tatuaje, no de aquel tatuaje. Pestañó y nos mostró otros ojos, unos ojos resignados. Como si quisiera ilustrar lo tenebroso de su siguiente parlamento, cada palabra que dijo fue envuelta en una voluta de niebla:

—El tipo entró en el local con el dibujo en un papel. "Quiero que me tatúes esto", me dijo. Tenía un acento medio raro. Le pregunté si conocía la figura. Me dijo que le importaba un pito, que se la tatúe y listo. Le dije que no, pero no por la figura, sino por la actitud de mierda que tenía. A mí, en mi local, no me iba a mandar nadie. Pero entonces puso mucha guita arriba de la mesita ratona donde apoyaba las revistas de tatuajes. Mucha guita. Sentáte, le dije; y se la tatué. Y se fue. A la semana me llegó una citación de la policía. El tipo se había suicidado. Los canas sabían que había estado en mi local. "Se sacó un ojo con un cuchillo de cocina", me dijeron. Había muerto desangrado. Encontraron una carta del tipo. Estaba escrita en árabe o hebreo. Decía que se arrancaría los ojos si no dejaba de ver al Diablo.

Rubén dio una larga pitada a su "mezcla hermosa".

—Parece que no lo dejó de ver —nos dijo con una sonrisa nerviosa.

Otra pitada. Luego continuó:

—Le conté a la policía que yo sólo le había hecho un tatuaje. Por suerte no me rompieron más las bolas, no me clausuraron ni nada. Pero tuve que dejar de laburar igual: el cargo de conciencia. Yo sabía que todo era por el tatuaje ese. Hay que ser un boludo para tatuarse semejante cosa.

—Pero vos no creías en el mito del tatuaje prohibido.

—No. Pero uno esas cosas no las hace. Por las dudas.

—¿Y ahora creés?

—Después de lo del tipo ese, sí.

—El tatuaje —quisimos saber—, decinos el efecto que supuestamente provoca.

Rubén mostró una vez más sus ojos de resignado. Apagó su doble cigarro en un cenicero que simulaba unas fauces abiertas hacia arriba y nos dijo:

—Todo lo que sé me lo contó Titino, un tatuador más viejo que yo. Me dijo muchas cosas, pero no me acuerdo de todas. Además cuando se ponía a hablar de esas historias fantasiosas yo no le prestaba mucha atención. Pero el asunto de la figura maldita me lo repitió tantas veces que más o menos me lo aprendí.

Rubén tomo aire y continuó:

—Titino me hablaba de tiempos muy antiguos, de cuando el hombre, decía él, era más puro, pues podía ver *todo* lo que le rodeaba. Aquel *todo* en la boca del viejo siempre sonaba siniestro. Según él, la gente se suicidaba mucho en aquella época porque no soportaba lo que veía. Entonces Titino se refería a una mutación, creo, una mutación que le permitió al hombre no extinguirse. Apareció un gen o algo así que modificó el sentido de la visión en los hombres, ocultándoles la mitad de las cosas. Los humanos pudieron así soportar el mundo que veían, y sobrevivieron. El mundo, la realidad que vemos hoy en día a nuestro alrededor corresponde a esa mitad, a la mitad que el gen nos permite tener acceso. El tatuaje prohibido vendría a anular el efecto que produce el gen, haciendo que el tatuado vuelva a ver la realidad tal como es, completa. Las dos serpientes mordiéndose simbolizan eso, una es la mitad del mundo que vemos, la otra es la que permanece oculta... hasta que te tatuás.

Rubén volvió a tomar aire.

—Después Titino se ponía a hablar de átomos y de electrones, y ahí le perdía el tren. Decía algo así como que había partículas que aún guardaban la "visión" completa del mundo, que si esas partículas tuvieran ojos podrían ver todo aquello que nosotros no vemos. El viejo aseguraba que todo podía ser probado científicamente.

Cuando nos retirábamos de la casa del ex tatuador, le echamos un vistazo al cenicero de las fauces. Como un cadáver que ha sido incinerado a medias, el doble cigarrillo descansaba mutilado y retorcido. Y el apósito que unía los dos cigarros estaba intacto.

Como si hubiera leído nuestras mentes, Rubén se apresuró a decir:

—Lo de la curita era joda. Se me acabó la cinta adhesiva y era lo único que tenía.

A primera vista, la leyenda del tatuaje prohibido, tan mágica, tan sobrenatural, no parecía capaz de poseer un costado científico. Pero lo pensamos mejor y le dimos una oportunidad a las palabras de Titino, si es que Rubén no las había alterado. Es que el mundo de las partículas se ha ido tornando más y más... fantástico. La física cuántica no ha hecho otra cosa más que derrumbar nuestros conceptos más arraigados. Con su Principio de Incertidumbre, sus partículas virtuales, sus gatos muertos-vivos nos ha hecho dudar prácticamente de todo lo que nuestros sentidos establecían.

Si había un lugar dentro del mundo científico donde nuestra leyenda podía encontrar algún asidero era allí. No por nada, quizá, Titino se había referido a él, al limbo de los átomos y las partículas elementales.

Y una vez más aprendimos que no hay que descartar nada *a priori*. Por más extraño que nos resultara en un comienzo, ahora podemos decir que sí, que existe cierta relación entre la física cuántica y un universo cuya mitad no nos es revelada. Pero dejemos que un genio de la divulgación, Paul Davies, nos lo explique desde su libro *Superfuerza*:

> *Imaginémonos de pie en una habitación mirando hacia la puerta. A medida que giramos, vemos distintas partes de la habitación hasta que, tras una rotación de 180°, nos encontramos de espalda a la puerta. Si giramos otros 180°, volveremos finalmente a nuestra orientación original, ante la puerta. El mundo tiene ahora exactamente la misma apariencia que si no hubiéramos efectuado esa rotación. ¿Qué puede ser más simple y obvio?*
>
> *Este acto elemental de rotación produce sin embargo un resultado sorprendente en el caso de las partículas subatómicas. Si hacemos pasar un electrón a través de un campo magnético especialmente diseñado, el eje de su*

spin* puede inclinarse progresivamente hasta efectuar un giro completo de 360°. Basándonos en el sentido común, esperaremos encontrar el electrón en su configuración original. Pero no es así. [...] Para que el electrón adquiera sus condiciones anteriores, el eje de su spin debe girar otros 360°, efectuando dos revoluciones completas en total. [...]

¿Qué significa esto? Significa que hace falta una rotación de 720° para efectuar una revolución completa, es decir, para restaurar el mundo a su configuración original. Una partícula elemental, como el electrón, percibe el giro total de 720°. En los seres humanos y otros objetos macroscópicos, esta facultad se ha perdido: no podemos distinguir una rotación de 360° de la siguiente. En un cierto sentido, pues, percibimos tan sólo la mitad del mundo que se halla disponible al electrón.

Al parecer ni siquiera en el razonable mundo científico se puede estar tranquilo.

Si la teoría fuera obra de un tarotista o un vidente, uno podría poner ciertos reparos. Pero esas mismas ecuaciones matemáticas que predicen desde el movimiento de las galaxias hasta el vuelo de las moscas, son las que nos están anunciando que sólo somos conscientes de la mitad de lo que nos rodea, que los componentes de la otra mitad se mueven entre nosotros y no podemos verlos.

---

* La definición de *spin* puede llegar a desorientarnos, pues refleja una propiedad fundamental de las partículas subatómicas sin analogías en el macrocosmos; pero digamos que su interpretación física corresponde a una medida del momento angular de las partículas.

Y si esta certeza no termina siendo lo suficientemente perturbadora, nos enfrentamos a un mito urbano que echaría luz sobre aquella mitad del mundo que se nos niega, con resultados tan alentadores como que la gente se arranque los ojos.

¿Cómo hace un tatuaje para anular un fenómeno que, según Titino, es genético? ¿Cómo es que un poco de tinta en un brazo nos quita el velo que cubría nuestra visión?

La ciencia reconoce que hemos llegado a parajes que no son de su dominio, pega media vuelta y se va. Estamos en la tierra del mito, en el país de la leyenda. Aquí se dejan de sacar cuentas para enfrentarse a un dilema interior: creer o no creer.

EZEQUIEL P. (siete tatuajes, todos calaveras): "Me encantan las calaveras. Estuve con ganas de hacerme la que termina en ratón. ¿Pero para qué? ¿Para qué tentar al Diablo?"

SUSANA R. (cuatro tatuajes): "Dicen que con la calavera no pasa nada, que es la otra figura, ese tribal complejo que forma una cara. Yo pronto tengo que hacerme otro tatuaje, porque tener un número par trae mala suerte. Pero ni loca me hago el tribal ése. Hay tantos motivos para elegir".

NICOLÁS T.: (diseñador de muestrarios de tatuajes): "Yo conocía la historia pero con otra clase de dibujo. Era el tatuaje de un bebé rechoncho, mitad demonio, mitad ángel. El que se lo tatuaba se suicidaba a los pocos días. Nunca me tragué el cuento, pero en el ambiente del tatuaje le tenían respeto al asunto".

Hace unos diez años aconteció algo que puede sustentar, en cierta manera, las palabras de Nicolás. La noticia fue muy comentada: en las afueras de Miami fue encontrado el cuerpo de un hombre que habría caído desde un avión proveniente de Buenos Aires. Luego se dedujo que se trataría de un polizón que viajaba escondido en el tren de aterrizaje del aeroplano. De ser así el hombre habría muerto a los veinte minutos de despegar el avión, por falta de oxígeno. Cuando el tren de aterrizaje se desplegó para aterrizar en Miami, su cuerpo cayó al vacío.

Pero hubo un detalle que puso la noticia en boca de todos los porteños: el hombre tenía tatuado en el pecho el escudo del Racing Club de Avellaneda. Ahora bien, se habló muy poco de los otros dos tatuajes que exhibía el polizón académico. Así los describe el diario *Clarín*:

> *Otro tatuaje tenía el dibujo de un bebé gordo, con cuernos y alas, debajo del cual estaban escritas las letras mayúsculas* N.Y.Y. *En un hombro, tenía otro tatuaje pequeño, era la figura de un muñeco encerrado en un círculo con varias rayas, de la cabeza de este muñeco salían varias trenzas.*

El primero de los tatuajes descrito podría corresponder al citado por Nicolás. ¿Y si el hombre no era un simple polizón? ¿Si toda aquella locura la llevó a cabo bajo el influjo de un tatuaje prohibido? Porque tal vez no sea una sola la figura maldita. Puede que sean dos. O tres.

Nunca lo sabremos. Sólo podremos creer o no creer.

Quizá no exista la versión apócrifa de aquel versículo del Levítico, y su advertencia sólo se refiera a los condenados cultos paganos.

Quizás el hombre de extraño acento tatuado por Rubén sólo estaba loco.

Quizá la mitad del mundo que no vemos sea pura abstracción matemática.

O quizá la Biblia, Titino y los electrones intenten abrirnos los ojos ante un peligro antiquísimo y mortal.

Creer o no creer. Tan simple como eso.

PARTE IV

Apariciones y desapariciones

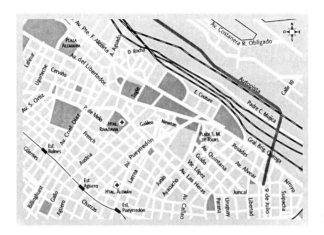

Cuando decidimos incluir un mito sobre la figura de Eva Perón, sabíamos que era una tarea delicada. Pero esta mujer, de frágil contextura física pero de un magnetismo y convicción envidiables, no podía quedar al margen de este segundo volumen. Cumple con todos los requisitos del mito unipersonal: juventud, en este caso acompañada de belleza, y la muerte en su plenitud.

Evita, como veremos más adelante, es una metáfora de un país de eternas contradicciones. Inclasificable para cualquier estadística. Atípico por donde se lo mire. Todo ese sino dio como fruto una figura y con ella, todo un capítulo de la historia argentina.

Con su vida, pero también con su muerte.

Su vida

Eva Duarte nació en Los Toldos, provincia de Buenos Aires, en 1919. Su infancia la pasó con sus otros cuatro hermanos en la localidad de Junín. Pero a Eva ese pueblo le quedaba chico para los sueños magnánimos que desvelaban sus noches. Coleccionaba revistas de estrellas y se imaginaba como una. Definitivamente, ése era su destino.

Viene a probar suerte a la gran urbe, Buenos Aires, con apenas 15 años.

La ciudad le muestra todas sus caras, pero la miseria es la que más persiste. Trata de actuar en cuanta compañía teatral haya. Son muchos los fracasos, pero su deseo de triunfo la sobrepone al hambre, a la soledad y al olvido. Su cuerpo diminuto es su único bagaje y lo usa. Y de a poco, de insistir, perseverar, su nombre, discretamente, aparece en alguna reseña teatral. A pesar de los vaivenes, finalmente en 1943, encabeza un elenco de radioteatro, donde representa a mujeres célebres de la historia. ¿Una premonición? Eva, más madura y reflexiva, consigue un sustento que le permite salir del estado de pensión crónica y puede alquilar un departamento en la calle Posadas 1567, en la Recoleta. Allí empieza a transformarse en Evita. Compra vestidos caros y también perfumes, una obsesión que la acompañaría el resto de su vida y más allá, como veremos después. Pero la parte que faltaba se completa al conocer al, en ese entonces, coronel Juan Perón, una figura carismática que venía adquiriendo notoriedad estando al frente de la Secretaría de Trabajo y Previsión Social.

Si bien se habían visto fugazmente en esa dependencia, cuando Eva había acompañado a sus colegas, miembros del Sindicato de Actores, la primera vez que tomaron contacto y desde ahí jamás se separon, fue el 22 de enero de 1944. Como si el lugar fuera una gran metáfora del encuentro entre esos dos protagonistas que, para bien o mal, fijarían el rumbo de la historia argentina por años, el estadio Luna Park estaba repleto de artistas esa noche de verano. ¿El motivo? Un terremoto de gran magnitud que había sacudido a la provincia de San Juan. Desde diferentes ámbitos se decidió hacer actividades para recaudar fondos para los damnificados. El Sindicato de Actores se hacía presente. En lo que Evita citó como "mi día maravilloso" se sentó en uno de los lugares que había dejado libre el por entonces presidente, general Pedro Ramírez, junto a Perón. Jamás se separaron. Al mes de conocerse, Perón alquiló un departamento contiguo al de Evita en el edificio de Posadas 1567. A pesar de la intensidad de la relación, Evita siguió en el mundo del espectáculo y aparecen *La Cabalgata del Circo*, en donde tuvo un destacado —aunque no consagratorio— papel y *La Pródiga*, en la que interpretó de forma anticipatoria a una mujer que se dedica a las obras de caridad. La gente le da un trato casi celestial llamándola "La Señora". El destino o la convicción. Tampoco abandonó la radio y el apoyo a la política de su pareja, ahora también vicepresidente y ministro de Guerra del sucesor de Ramírez, el general Edelmiro J. Farrell. La actividad de Perón adquiere tal relevancia que el gobierno ante su avanzar incontenible decide pedirle la renuncia a sus cargos y es finalmente detenido y enviado a la Isla Martín García, un pequeño islote en el Río de la Plata, muy cerca de Buenos Aires. Por problemas de salud se lo traslada al Hospital Militar. El clamor popular exige que Perón sea repuesto en su funciones. Entonces, en la jornada del 17 de octubre de 1945, se produce un hecho histórico de singulares características: en forma prácticamente espontánea, miles de trabajadores van llegando a la capital y se congregan en Plaza de Mayo, frente a la Casa de Gobierno. Los "descamisados", como alguien los nombró, se mantuvieron firmes reclamando a su líder. Casi a la medianoche, Perón salió a uno de los balcones de la Casa de Gobierno para agradecer esa devoción.

Con su casamiento, el 22 de octubre, Eva Duarte se transforma en Eva Perón.

El destino está marcado. Perón gana las elecciones presidenciales y asume el 4 de junio de 1946. Instalados en el Palacio Unzué, la residencia presidencial, la pareja desarrolla una actividad múltiple. Apoyados por una coyuntura internacional muy favorable, debida principalmente a la posguerra, a la Argentina como país exportador de materias primas le llegan muchos capitales. Ahora definitivamente como Evita Perón, hace de la ayuda social y de su apoyo al Presidente su más ferviente consigna. Donaciones, su fundación y un viaje por Europa le valen admiración y agradecimiento, aunque también cada vez más enemigos. Pero Evita no piensa detenerse. Quiere estar en todos lados, se sabe consciente del dolor ajeno, del hambre de sus "queridos descamisados". También muestra su resentimiento por la clase acomodada, por los "oligarcas", y trata de demostrarles que una persona de hechos también puede saber estar. Se rodea de inmensidad de vestidos y nunca se aleja de su modisto y su peinador personal, creadores junto con Perón, aunque no explícitamente, de ese *look* personalísimo.

Su muerte

El primer aviso de su enfermedad, al menos oficialmente, se produce cuando Evita sufre un desmayo en la inauguración de la sede del sindicato de taxistas a principios de

1950. Pero otras versiones indican que ya en 1947 fue examinada por el doctor Ivanissevich, que le habría diagnosticado un cáncer de fácil operación. "No tengo nada, usted quiere apartarme de la escena política", habría sido su respuesta. Evita no podía detenerse. Sus jornadas laborales se podían extender hasta veinte horas. Casi no comía. No había tiempo que perder. La Fundación Evita, inauguraciones, donar y por sobre todas las cosas, ser la "fanática por Perón" dejando su vida, y por si quedara alguna duda, poniendo ese énfasis por escrito en *La razón de mi vida,* su libro. Así se la postula como candidata a la vicepresidencia de la Nación para la futuras elecciones del 11 de noviembre de 1951. Discursos, arengas, obras, excesos. Evita utiliza sus fuerzas que imperceptiblemente la abandonan. Lo primero que debe resignar es su candidatura: "No renuncio a mi obra; sólo rechazo los honores. Continuaré siendo la humilde colaboradora del general Perón".

El 3 de noviembre se le realiza una operación en un intento de extirpar el tumor localizado en el cuello del útero. La operación no tiene el éxito esperado y Evita empeora día a día. Aun así puede darse el lujo de ver concretado un sueño que la tenía como una de las principales impulsoras, es decir, el voto femenino. Le llevan a su habitación, acondicionada especialmente en la residencia presidencial, una urna y ella da su primer y único voto. Como si eso le diera un energía prestada, para fin de año entrega juguetes personalmente en los jardines del palacio presidencial. Y hace un corto viaje por el Delta. Pero la tregua dura tan sólo unos meses y la enfermedad es imparable. El 1º de mayo da su último discurso en el balcón de la Casa Rosada. "Yo saldré con los hombres y mujeres del pueblo, muerta o viva."

El 7 de mayo festeja su último cumpleaños (33) y el 4 de junio con un arnés especialmente diseñado, acompaña a Perón en el auto presidencial en el día de su asunción. Después, la agonía se presenta con terribles dolores. Pesa sólo 38 kilos pero el dolor es como una tonelada. Permanece lúcida hasta el final. "No te olvides de los humildes", le dice a Perón un día antes de morir.

El sábado 26 de julio de 1952, a las 20:25, la radio oficial anuncia que "Eva Perón, Jefa Espiritual de la Nación, ha entrado en la inmortalidad". Las exequias se prolongaron varios días y por su féretro desfilaron más de dos millones de personas.

ABELARDO M. recuerda esos días de luto como algo que marcó su infancia:

—Yo la veía con ojos de niño, pero puedo asegurarles que en esos días el tiempo se detuvo. El dolor, la tristeza, se podían sentir en el aire. Por supuesto, muchos también festejaban pero era un festejo con un dejo de preocupación al ver ese fervor popular: saber que Evita ahora sería intocable.

El cuerpo

La historia de la momificación del cuerpo de la "jefa espiritual de la patria" ya de por sí podría ser tema de un mito aparte. De hecho, ha sido motivo de innumerables investigaciones, análisis y obras, entre las que se destacan el impecable relato *Esa Mujer* del escritor Roberto Walsh y *Santa Evita*, la sobresaliente novela de Tomás Eloy Martínez.

Para el proceso de momificación fue convocado el patólogo español Pedro Ara. Su "obra" se completa en un año exacto. Velada permanentemente en el edificio de la CGT (Confederación General del Trabajo), Ara pidió tener instalaciones acordes a su tarea. Así se hizo. La entrada era muy restringida. Con la llamada Revolución Libertadora, el golpe militar que derroca a Perón, el cuerpo de Evita empieza a deambular por diferentes lugares. El presidente de ese momento, el general Pedro Aramburu, toma la decisión y es el coronel Carlos Moore-Koenig el encargado de hacer el operativo. Pero desde el poder se advierte que esto acrecentaba el mito de la mártir y santa del peronismo y ordena depositarla en un nicho común de la necrópolis porteña, el Cementerio de la Chacarita. Pero Moore-Koenig increíblemente desobedece. Así como Pedro Ara, caería fascinado por ese cuerpo ahora perfecto. A esto se le agrega un hecho que nos va introduciendo en la mitología, más precisamente en su arista sobrenatural. Para eludir a los antiperonistas, Moore-Koenig oculta a la momia en la casa de su colaborador, el mayor Arandia. El militar, dada la situación, dormía con una pistola bajo la almohada. Una noche, oyó pasos que se acercaban a la habitación. Cuando la puerta se abrió, disparó varias veces contra una sombra que aparecía en el portal. Arandia de inmediato vio un cuerpo caer: con horror, comprobó que era su esposa, embarazada. Lo insólito del caso fue que, interrogado después por un juez militar, Arandia supuestamente declaró: "Cuando maté a mi mujer yo tiraba contra un fantasma cuyo rostro era el de Eva Perón".

Después de estas desprolijidades deciden trasladar el cuerpo al exterior. La entierran con un nombre falso en el cementerio de Milán en 1956 y allí permanece quince años más. En el año 1971 le es devuelto a su viudo, exiliado en España. Otra vez, Pedro Ara, el inventor de la momia, está esperando pacientemente. Algunas versiones hablan de tajos y golpes en la estructura pero oficialmente nunca se reconoce. Con el gobierno de Isabel Perón, la ex primera dama retorna al país. Pasa una breve estadía en una capilla ardiente con el de su marido muerto, en la Quinta Presidencial de Olivos, pero después de su entierro, va nuevamente a un depósito. Paradójicamente, el gobierno de facto que destituye a Isabel Perón en el año 76, decide depositar al cadáver en el cementerio de La Recoleta (otra increíble ironía). Y para eso se construye una cámara reforzada a prueba de profanaciones.

El espíritu

Originariamente de la familia de Cornelio Saavedra, el llamado Palacio Unzué, fue adquirido en 1887 por Mariano Unzué, un poderoso ganadero que lo amplió, usándolo de residencia veraniega.

De estilo afrancesado, constaba de una casa principal de dos pisos, edificada en el centro de un amplio parque. El palacio se completaba con garajes, dependencias de servicio, un casino de oficiales y otras viviendas para personal permanente. Se destacaba el jardín, proyectado y realizado por el poeta Ruben Darío. De ese fabuloso jardín sobrevive un enorme gomero que se plantó sobre la calle Austria.

En 1937, el gobierno expropió el Palacio y pasó a manos estatales. A partir de 1943, la residencia fue destinada a uso presidencial. Sitio que fue utilizado por Evita y Juan Perón durante todo su mandato.

La pareja se instaló fundamentalmente en el primer piso, en donde se encontraba el dormitorio principal, el cuarto de huéspedes y demás dependencias.

Después del derrocamiento de Perón, el lugar quedó deshabitado. Se ordenó su demolición en el año 1956. Al año siguiente, se decidió levantar la futura Biblioteca Nacional que reemplazaría a la colapsada de la calle México.

Las obras comenzaron en 1959, durante el gobierno de Arturo Frondizi, presidente elegido democráticamente. Pero tendrían que pasar más de treinta años. Finalmente, en 1992, los libros tuvieron su nueva casa.

A simple vista, esta obra diseñada por los arquitectos Clorindo Testa, Francisco Bullrich y Alicia Cazzaniga de Bullrich, se muestra amenazante. Esta superestructura de hormigón armado se parece más a un soldado que un lugar donde se preserva el conocimiento. Tal vez, la época en que fue elegido por concurso este proyecto, reflejara el sentir del momento.

Después de hacernos eco de la información en ciertos medios del "fantasma de la Biblioteca Nacional" y confirmar que Eva Perón había fallecido en la ex residencia presidencial, ahora Biblioteca Nacional, decidimos investigar.

Una empleada de la biblioteca, Sara V. nos estaba esperando para brindarnos su testimonio de los hechos.

Visiblemente nerviosa, hablando en voz baja al estar en la sala de lectura, la pequeña empleada era una catarata de palabras.

—Últimamente estamos muy alterados, hay un clima pesado. Ustedes entiendan, pero les digo esto y no quiero hablar más del tema. Si lo hago, es porque insistieron y no quiero ser descortés. Además, después de que vinieron de la tele la cosa se puso peor. Es como si eso la hubiera enfurecido. Como si hubieran molestado su espíritu.

Quisimos saber concretamente cuál era el "fenómeno".

—Miren, básicamente, los chicos del depósito dicen haber visto un montón de veces el fantasma de una mujer joven y rubia. Al principio no sabían quién podía ser, pero ahora se corre la bola de que es el fantasma de Eva Perón. Pero eso no es nada. Pasan cosas también en la hemeroteca. Ruidos raros, cosas que se caen, diarios y revistas que dan vuelta sus páginas y no hay nada de viento.

Le preguntamos si había una posición por parte de las autoridades al respecto.

—El silencio. Les molesta que se difundan cosas que no tienen que ver con la función de la Biblioteca. Igual, eso no nos importa. Volvernos locos, sí. A un compañero, hace poco, se lo llevaron a un psiquiátrico casi con camisa de fuerza. Estaba muy violento. Insultaba de una manera extraña, con palabras reviejas. A casi todo el que venía a pedir libros lo trataba de "oligarca", "traidor" y cosas por el estilo. También, las computadoras se plantan y cuando las arreglan, no tienen nada. Hay días que tengo tal sensación de angustia que no puedo parar de llorar.

¿Estaríamos ante la maldición de Evita, la misma que supuestamente persiguió a los que guardaban el cuerpo, como el mayor Arandia? ¿O era un caso de psicosis colectiva?

—Es verdad que la gente es muy pedante y quiere todo ya, pero ahora están insoportables. Se deben haber contagiado la mala onda de la Biblioteca.

Fuimos a la hemeroteca pero no obtuvimos resultados. Sara nos había advertido que nadie quería hablar, por las dudas. Incluso nos desalentó de nuestra idea de conseguir una autorización para recorrer el depósito, pero nos fuimos con un dato que nos aportó y que sería valioso:

—Me olvidé de comentarles sobre el perfume. Dicen que cada vez que el fantasma aparece se siente un aroma a perfume, fuerte, muy fuerte.

Con esa consigna llegamos al Museo Evita, en Lafinur al 2700, un lugar en donde se exponen objetos y diferentes documentos relacionados con "La Señora".

Habíamos leído una nota del curador del museo, Gabriel Miremont, en la que señalaba:

Cuando preparo algún vestido de Evita para ser expuesto, siento un perfume, como si su fantasma lo hubiese visitado.

Ante semejante declaración oficial —figurada o no— era imprescindible tener su testimonio. Mientras esperábamos por él, nos detuvimos frente a una vitrina y un cartel que dice: EVITA ¿DIOS O DEMONIO? y una división en el medio. De un lado se lee MITO BLANCO y del otro MITO NEGRO.

En el mito blanco se la ve en diferentes ilustraciones con una expresión beatífica, de contemplación espiritual. En el mito negro, destaca entre otras cosas, un ejemplar de *La mujer del látigo. Eva Perón* de Mary Main.

Para nuestra desilusión fuimos atendidos por Beatriz, que dijo ser colaboradora suya, porque el curador estaba de viaje por Europa. Era algo relacionado con el museo.

Para no ser abruptos, le solicitamos información general del lugar.

—En la época de Eva, esto era lo que se hacía llamar Hogar de Tránsito. Acá se les daba casa y alimentaba, sobre todo a niños, de bajos recursos, mientras se les buscaba mejorar su situación. Tenemos una amplia colección de vestidos originales de la Primera Dama.

La presencia de Evita era agobiante: fotos, videos, la carta que le escribió Perón en sus días de prisionero en la Isla Martín García. Vestidos de marca u otros diseñados por su modisto personal, Paco Jamandreu o el famoso peinado con trenzas y ese tono rubio, creado por su peluquero Pedro Alcaraz. Palabras en las paredes, discursos, hasta algunos juguetes entregados por la Fundación Evita. Era la ocasión para comentar las declaraciones de su jefe.

Beatriz, que hasta ese momento mantenía una actitud doctoral con sus anteojos algo caídos sobre su nariz y sus manitas enlazadas por la espalda, pareció desinflarse. Después, nos preguntó de dónde éramos, su actitud cambió repentinamente. Le mostramos un copia de la nota firmada por un tal Ferninando Martins. Y lo admitió. Le preguntamos si el curador había identificado qué perfume era. Después de un largo rato de indecisión nos dijo:

—Vengan, por favor.

Nos llevó a una de las salas y sobre una vitrina vimos claramente un frasco oscuro con la siguiente inscripción: *La Rose*.

Lamentablemente, esa fragancia se había dejado de fabricar.

Faltaba encontrar un sitio que estuviera en pie en el cual Evita hubiera estado. Jugamos nuestra última carta yendo al Instituto Nacional Juan Domingo Perón. Situado en la calle Austria 2593. Abierto en 1997, funciona como biblioteca y centro de Investigaciones.

El comienzo no se nos presentaba auspicioso. El empleado-guardia de la puerta no se caracterizaba por su locuacidad.

—Señor, estamos buscando información sobre Eva Perón.

—Sí, pero la gente no está... ¿Qué buscan?

—Estamos buscando material sobre Eva Perón. Vemos que acá tiene una biblioteca.

—Sí, pero en este horario...

Tanto insistimos, fieles a nuestra costumbre, que el empleado-guardia nos dijo que subiéramos una escalera y al fondo, en una construcción moderna, encontraríamos a alguien. Al llegar, había un joven detrás de un escritorio.

Comenzamos a pedir información general. El empleado se entusiasmó y llamó a una compañera que jamás supimos de dónde apareció. Venía con diarios de la época, recortes. Pronto, vino la primera revelación.

—¿Qué era antes este edificio? —preguntamos

—Bueno —contestó didácticamente la empleada—, donde estamos ahora era originariamente el garaje en el que Perón guardaba sus autos, los coches que coleccionaba. La casa del frente, por donde ustedes entraron, era parte de la Residencia Presidencial.

—Entonces, ¿eso se salvó de la demolición?

—Más o menos, el edificio donde funciona el Instituto, era una casa lindera a la Residencia pero que se usaba para traer mercadería que donaban.

Esta grata revelación nos motivaba para preguntar acerca de las apariciones. Los empleados tuvieron la misma reacción que Beatriz. Se quedaron callados un instante. La mujer habló primero:

—Lo que yo les puedo decir es que muchísimas veces los teléfonos suenan, y cuando uno levanta el tubo no hay nadie en la línea. Después, a mí me ha pasado de encontrar tirados en el piso varios videos. Lo más cómico es que están en lugares de los que jamás se pueden caer solos, es imposible. Puede ser sugestión. Pero Marcos —refiriéndose a su robusto compañero— tiene algo escalofriante que les podría ser de utilidad.

Dicho esto nos quedamos con Marcos y con una sensación inexplicable de angustia que comenzaba a invadirnos de a poco.

—Además de trabajar acá, soy el casero. Esa noche, venía del gimnasio. Cuando voy a entrar, me avivo de que me había olvidado las llaves. Ya era muy tarde, y el gimnasio también había cerrado. Entonces me trepé por la parte de atrás y seguí por ese pasillo que se ve ahí. Para mi desgracia estaba todo cerrado, di vueltas por todos lados y evidentemente no había forma.

"Como tenía que entrar me dije: bueno, de última, rompo algún vidrio, abro y después lo arreglo. En eso, a esta puerta, la que tienen delante, sí, la blanca, se le destraba el mecanismo, se mueve la manija y queda entreabierta. Me pareció raro pero me metí. Cuando cierro automáticamente la puerta, me quedo de espaldas diciendo: ¿Qué vi? ¿Qué era? ¿Qué me acaba de pasar? Tardé unos segundos en procesar la información de lo que había visto.

—¿Y qué era?

—Una figura femenina, de una mujer joven amortajada. Su cara era súper lisa y el color de su ropa se parecía al de una foto que encontré después. Cuando me volví a dar vuelta no estaba. Obviamente, la busqué por toda la casa pero no había nadie. Y por si fuera poco, había un perfume muy fuerte en el ambiente, como si a alguien se le hubiera roto un frasco. Esa noche no pude dormir.

—¿Y cuándo fue eso más o menos?

—Hace seis años. Pero hay algo más.

—Continuá.

—Me acuerdo muy bien porque era fin de año. Esto habrá sido hace cuatro años . Pero vengan por acá, por favor.

Nuestra sensación de angustia iba y venía. Accedimos por la puerta por donde habíamos ingresado, pero ahora, en vez de alcanzar una escalera para descender a nivel de la calle, giramos a la derecha.

—En esta salita —aclaró— Eva Perón recibía a diferentes personalidades. Este lugar está casi intacto y por esta escalera de madera Perón subía hasta el primer piso, que ahora van a ver.

Caminamos por un pasillo alfombrado hasta detenernos en una puerta de madera.

—Pasen, sin miedo.

Entramos cautelosamente.

—A este lugar se lo llamaba la sala de los espejos. Acá, el general Perón practicaba esgrima, su deporte favorito. También le habían puesto una bolsa para boxear.

Miramos por la ventana e imaginamos a la pareja en esa misma situación. Ese primer piso da a la calle Austria.

—Antes que me pregunten, este lugar funciona como una oficina, hacen estudios históricos.

Tratamos de volver al tema de ese fin de año.

—Era cerca de medianoche y tenía una gente amiga de visita. Por supuesto, no les comenté nada sobre lo que había visto anteriormente.

Volvimos a retroceder y desandamos el pasillo pero esta vez seguimos de largo hasta una pequeña escalera de metal de color blanco.

—Bueno, desde donde están ustedes ahora, mi amiga vio una silueta también femenina parada delante de la sala de los espejos. Después de eso, tuve otro incidente hace bastante poco. Fue de día. Había un grupo de gente conocida de otras reparticiones. Eran como las tres de la tarde. En un momento, escucho alguien que dice: *por favooorr*. Lo escuché bien nítido. Pero lo más gracioso es que todos escucharon lo mismo: *por favoorr*. Y cada uno se preguntaba si el otro había sido. Nadie fue.

Al despedirnos de Marcos, confirmamos una presunción que tuvimos en plena entrevista. Ya habíamos notado que el grabador tenía problemas. Se prendía y se apagaba en forma constante. El aparato tenía pilas nuevas. Al querer escuchar la entrevista, comprobamos que poco y nada había quedado registrado. Probamos grabar nuevamente y el aparato funcionaba a la perfección.

El monumento

Aprovechando aún la inercia del primer período, Evita le encarga al escultor italiano León Tommasi que diseñe el monumento más grande del mundo para honrar a sus "queridos descamisados" y, a su vez, servir de mausoleo para ella misma. Recordemos que esto ocurría en 1951, un año antes de su muerte. En diciembre de ese mismo año, el escultor le presentó una maqueta que fue del agrado de la Primera Dama. En una carrera contra la enfermedad, se aprobó por ley del Congreso el 4 de julio de 1952, pocos días antes del deceso de Evita. Se financiaría con fondos propios y aportes populares.

—Yo era alumno de Tommasi —nos comentó AARON B.—. Tenía el atellier en San Isidro y ya había trabajado con otras figuras encargadas por la mujer de Perón. No pude evitar comentarle a León si era bueno que un artista estuviera asociado con una idea política. Me acuerdo como si fuera hoy mismo. Pensé que me tiraría un bloque de mármol por la cabeza. Me puteó en italiano, calabrés, piamontés, en todos los dialectos posibles. Después se calmó un poco y me dijo que el artista se debe a su obra. Tiró todos los papeles que había sobre un tablero de diseño y apareció ante mí el croquis del monumento. Me quedé mudo por varios días. Sería una mole de más de 130 metros. Tommasi hacía formas en el aire como un poseso. "Tan alta como la catedral de Nôtre Dame, cuarenta metros más alta que la Estatua de la Libertad", me decía a los gritos con su acento tano. Tendría una base de setenta metros y la estatua de más de sesenta mostrando a un trabajador orgulloso y desafiante.

La entropía política se devoraba todo a su paso y las aspiraciones fueron bajando. En el 53 se discutió reemplazar al gigante por una estatua de Evita en mármol de Carrara. En la base, habría una basílica laica para poder venerarla. En ella, el visitante observaría bajorrelieves de los momentos imborrables en la vida de Evita y el movimiento peronista. Sólo dos años después comenzaron las obras. Ya era demasiado tarde. Con la caída de Perón todo se interrumpió. En el predio comprendido entre la avenida Del Libertador y la calle Tagle yacen enterrados miles de toneladas de hierro y cemento de una obra de características faraónicas. Curiosamente, en frente, se construyó algo que también en su momento fue tildado con idéntico mote: El actual canal 7, la señal estatal de televisión, inaugurada para el controvertido Mundial de fútbol de 1978. Cuatro enormes y fríos cubos son el distintivo básico de esta enorme instalación. Como su prima de cemento, la Biblioteca Nacional, los metros de material no pudieron aislarla de la leyenda.

Algunos la llaman la dama catódica. A pesar de que no pudimos encontrar testimonios muy firmes al respecto, la historia no deja de carecer de interés. La leyenda dice que un ex interventor de la emisora guardaría celosamente una grabación del fantasma de una "mujer joven, delgada, con un vestido blanco y rodete". Según se cuenta, en el momento de la grabación nadie se percató de la presencia. Al procesar lo grabado y en la sala de edición se revela a la "dama", cerca de un decorado, observándolo todo. Una fuente nos citó que se trataría de una toma de la novela televisiva "Rosa de Lejos". No podría reprochársele coherencia al mito. El argumento de la tira era el de una mujer humilde que llega de una provincia y con su decisión y empuje transforma su realidad y logra escalar socialmente y conseguir su felicidad. ¿Suena a algo conocido?

No podíamos terminar esta investigación sin citar el modesto pero concreto monumento erigido, esta vez con más coherencia histórica, en la Plaza Rubén Darío, a metros de la Biblioteca Nacional. Inaugurado en 1999 y diseñado por Ricardo Gianetti, nos muestra una Evita atlética mirando hacia el futuro. Un futuro que, seguramente, la tendrá presente como un ejemplo de humanidad extremo. Y nos referimos a lo humano, con la exacerbación de su defectos y sus virtudes mortales.

Y su nombre como una gran metáfora.

Eva.

Parque Chas

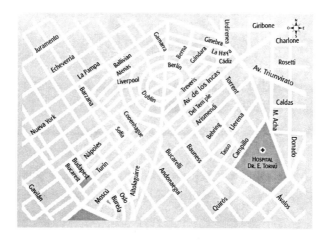

Finito (que tiene fin) e ilimitado son dos adjetivos que la mayoría de nosotros consideraría opuestos. Algo que cumpla con estas dos condiciones se nos antojaría contradictorio, imposible, como si dijéramos que una persona puede ser gorda y flaca a la vez.

Pero desafiando nuestra percepción, los hombres de ciencia nos dicen que existen sistemas que poseen ambos atributos; y lo más asombroso: que hay muchas posibilidades de que la totalidad de nuestro propio Universo conforme uno de esos sistemas, un sistema finito e ilimitado.

Para entenderlo pensemos en nuestro planeta. Hasta donde sabemos podemos pasearnos por su superficie sin el temor de escalar alguna montaña y encontrarnos, detrás de ella, con las tinieblas de la nada, o de navegar un océano y ser arrastrados hacia una catarata que se precipite en el abismo del fin del mundo. La superficie terrestre nunca se termina, sin embargo no es infinita: tarde o temprano la habremos transitado toda y volveremos a lugares que ya hemos visitado, y esto sucede porque se curva en el espacio hasta unirse consigo misma y formar la esfera que todos conocemos. Una esfera finita e ilimitada.

Lo mismo podría aplicarse al Universo, ya que sería posible viajar por él sin llegar nunca a un asteroide con un cartel que rece "Aquí termina el Cosmos". La teoría dice que el Universo también está curvado en una misteriosa dimensión, y que quizá llegue a unirse consigo mismo.

Si no conociéramos la dimensión en la cual se curva la Tierra, no podríamos escapar de ella. Pero por suerte la conocemos.

No podemos decir lo mismo de la dimensión sobre la que se curvaría el Universo, pues escapa a nuestro sentido común. Podemos calcularla pero no percibirla. Y es así como somos prisioneros del Cosmos. Nadie puede escapar de él, nadie puede ver qué hay más allá... si es que hay algo.

¿Y qué tiene que ver todo esto con Parque Chas, un pequeño barrio de nuestra Capital Federal?

Pues que, tal vez, finito e ilimitado, sea la manera más acertada de describirlo. Es que este singular barrio porteño parece funcionar como un Cosmos independiente, con sus propias leyes geométricas y físicas, donde es fácil entrar y muy difícil salir, donde sus calles parecen curvadas en misteriosas dimensiones, como si se tratara de una trampa urbana, de un juego de ingenio, de un Cubo de Rubik para las manos de un gigante.

Finito e ilimitado. Podemos transitar algunos sectores de Parque Chas durante horas sin transponer jamás los límites del barrio, como si éste no tuviera fin. Pero la ilusión se extiende hasta que nos damos cuenta de que no hemos estado haciendo otra cosa más que recorrer las mismas calles una y otra vez.

Los mitos urbanos tampoco parecen poder escapar del laberinto que proponen los senderos de Parque Chas. Historias de aparecidos y desaparecidos, de caminos sin salida, y de personas perdidas, van y vienen por el barrio, desconcertando aún más a los descuidados que entran en su engañosa geometría.

JOSÉ M.: "Muchos dicen que los que vivimos en Parque Chas somos gente rara, misteriosa, que sólo nosotros sabemos salir del barrio, y que nos divierte ver perderse a los visitantes. ¿Ustedes me ven raro? ¿No parezco un tipo normal?"

José tiene razón, parece un hombre como cualquier otro... salvo por ese extraño brillo en los ojos. El sol, tiene que ser el sol del atardecer reflejándose en su mirada.

—Todos esos comentarios los hacen —continuó José— porque a nosotros nos gusta estar aislados, porque no queremos que metan dentro de nuestras calles limpias y silenciosas ni autos ni colectivos, que lo único que hacen es contaminar y hacer ruido. Los de Parque Chas preferimos caminar.

Hasta ahora los que opinan como José se han salido con la suya: no existe línea de colectivos que pase por la parte más interna del barrio. Y esta realidad ha sido inspiradora de más de una historia.

Como la del colectivo de los muertos.

La historia es sencilla y siniestra: dicen que cierto día, años atrás, un colectivo de la línea 187 que, lleno de pasajeros, transitaba por la calle Bucarelli, ubicada dentro de Parque Chas, tuvo que desviarse hacia el corazón mismo del barrio, ya que parte de la calle estaba cerrada por reparaciones. Así lo hizo y, una vez adentro, se perdió. Su conductor dio vueltas y vueltas tratando de encontrar la salida. Pasó tanto tiempo que la gente en el interior del vehículo se fue muriendo de sed y de hambre. Aseguran que aún hoy el colectivo continúa yendo y viniendo por las calles de Parque Chas, con todos sus pasajeros muertos, cadáveres que todavía buscan, con sus cuencas vacías, a través de las ventanillas, una calle, un desvío que los lleve fuera del barrio.

José conocía la historia.

—Sí —nos dijo—, es como el cuco de Parque Chas. Algunas madres usan el cuento con sus hijos. Les dicen que si no hacen tal cosa los viene a buscar el colectivo de los muertos.

Evitando entrar en detalles con respecto a muertos-vivos, podemos apreciar cómo el relato recurre a la lógica cuando le conviene, algo muy común en esta clase de fábulas. Vean si no cómo los pasajeros mueren de sed y de hambre, respetando las leyes biológicas; mientras que, por otro lado, el colectivo circula sin detenerse hasta nuestros días, desoyendo las leyes de la física y la química que indican que su tanque de combustible debió haberse vaciado hace ya mucho tiempo.

Aun así, el mito tiene su anclaje en la realidad: la última línea de colectivos que se atrevió a incluir parte de su recorrido dentro de la "zona geométricamente peligrosa" de Parque Chas fue la 187. Cruzaba el barrio, como bien dice la historia del colectivo de los muertos, por la calle Bucarelli. Pasaron ya unos veinte años de la quiebra de la línea 187; aunque algunos dicen, agrandando la leyenda, que la línea no quebró, sino que todos sus vehículos fueron desapareciendo, uno a uno, dentro de Parque Chas.

Esta última versión quizás esté relacionada con esta otra historia barrial que incluye como protagonista al mismo medio de transporte. Se trata de un cuento del escritor Hernán Torrado, inspirado también en la desaparecida línea de colectivos. Dicha inspiración salta a la vista desde el simple y directo título que lleva la narración: "Línea 187".

En el relato se dan claros datos de la línea y se anticipa su triste final:

Sin embargo, la línea 187 penetraba en el barrio. En un principio era el 9. Después tuvo el número 107, pero, como ya había otros que usaban esa cifra los directivos desistieron de su propósito y adoptaron el mitológico 187, que iba desde Chacarita hasta José L. Suárez. Los propietarios eran los mismos que los de la 127.

Destino funesto el de esta línea cuyo fin estaba marcado por los dioses aun antes de que planificara su existencia.

Más adelante aparece el fragmento que, como dijimos, estaría relacionado con la versión de los vehículos esfumados misteriosamente:

Los dueños no encontraron quién les confeccionara nuevos mapas y, como los originales se habían perdido en 1957, al poco tiempo todos los coches estaban extraviados en el barrio. Sólo se volvió a ver a un chofer con su pasaje que, cuando al coche se le acabó el gas oil, lograron alcanzar a pie, y muy a duras penas, la avenida de los Incas. Se salvaron después de meses de peregrinar.

También se nombra una vieja leyenda que señala la existencia de una de las entradas al Infierno en el interior del mismo barrio. Y uno de los internos de la 187 conduciría a ella:

Dicen que el mismísimo Bel Zebuth solía captar adeptos en un ómnibus de esta línea, el interno 666. Quienes tomaban ese colectivo sólo sacaban pasaje de ida para el averno y nunca más se los volvía a ver.

Aún después de la extraña pérdida de la línea, hay testigos que afirman haber visto al coche 666 subiendo a los últimos despistados, que no tenían noticias sobre la extraña desaparición de los 187 y todavía esperaban ilusionados el colectivo.

Lo interesante no es sólo la relación entre rumor y relato que ya marcamos, sino que hay personas que aseguran que muchos de los detalles del cuento de Hernán no pertenecen al mundo de la ficción, sino que están basados en datos reales.

No es el caso de JOSÉ M., que no conocía el cuento, aunque afirmó haber escuchado algo acerca de una puerta al Infierno.

—Hay muchas historias en el barrio —agregó además—. Hay una acerca de un taxi que está muy buena pero que nunca me la acuerdo porque es un poco complicada.

Dicho esto se despidió y se internó en el entramado magnífico de Parque Chas. Antes de perderse en un callejón, se dio media vuelta y nos miró como saludándonos por última vez. Creímos percibir aquel extraño brillo en su mirada, aunque a decir verdad estaba lejos y podía tratarse de una simple impresión. Hacía ya media hora que el sol se había hundido en el horizonte.

Nosotros creíamos conocer la historia del taxi a la que se había referido José, era una de las razones por las que habíamos venido al barrio.

La historia nos había llegado a través de una inadvertida crónica de los años setenta firmada por un tal Triste Pegaso, en apariencia un pseudónimo.

En dicho documento el cronista transcribe el relato, en forma de cuento en tercera persona, desde otra fuente que sólo menciona como un "apunte anónimo". Triste Pegaso aclara que la transcripción no es idéntica palabra por palabra, sino más bien, una versión libre basada en la original. Nosotros diremos que esta versión libre era bastante confusa (nunca sabremos si su original también lo fue), obligándonos a hacer nuestra propia versión libre tratando de rescatar la esencia de la historia.

La narración comienza haciendo hincapié en que casi no se ven taxis dentro del corazón de Parque Chas, que la mayoría de ellos lo evitan. Pero no habría historia sin un valiente conductor que desafiara a aquel laberinto. El valiente conductor hace su aparición, y, como todos sospechamos, se pierde. Luego de ir y venir desorientado durante algunas horas desemboca en la calle Berlín, una de las más interiores del barrio. Toma por Berlín, girando a la derecha, y lo primero que ve delante de él es una plaza...

[...] *entonces sintió una frenada y un golpe en la parte trasera del vehículo: otro taxi, perdido como él seguramente, lo había embestido desde atrás. En otro momento se hubiera bajado y hubiera discutido. Pero ni siquiera se detuvo, sino que siguió en marcha lenta. No*

estaba de ánimo, sólo quería salir de aquel pandemó-
nium. Además el golpe no había sido tan fuerte, no podía haber sufrido más que unos rasguños.

El espejo retrovisor le reveló que el otro taxi sí se había
detenido. También alcanzó a ver cómo el atolondra-
do que lo manejaba descendía del auto. La silueta de
aquel conductor, un tanto difusa en el espejo que no
dejaba de temblar, pareció detenerse luego de dar unos
pasos. Quizás el hombre había descubierto, como él
había supuesto ya, que no valía la pena discutir por
aquello.

Decidió continuar su marcha, sin desviarse. "Si sigo
una misma calle —se dijo—, tarde o temprano tengo
que terminar fuera del barrio."

Así fue que continuó por Berlín, y continuó, y continuó, hasta que sospechó que ya debía haber traspasa-
do los límites de Parque Chas. Entonces fue que sucedió: de repente, delante de él, desde la calle lateral que
estaba por cruzar, apareció otro taxi y tomó Berlín. Él
clavó los frenos para no chocarlo, pero no pudo evitar
el contacto. La trompa de su taxi dio contra el baúl del
tarado ese. Dos choques en un rato era demasiado. Este tipo sí que lo iba a escuchar. Se bajó del auto y dio
unos pasos hacia el otro taxi. El tarado además de
tarado era cobarde: no sólo no se había bajado del auto, sino que no paraba su marcha, pretendía escapar-
se. Cuando se disponía a correr para, al menos, des-
cargar su bronca abollándole el baúl de un trompazo,
se paró en seco.

No todos recuerdan el número de patente de su vehículo.
Él sí. Le había tocado un número fácil de recordar, una

cifra capicúa, la misma que se alejaba ahora colgada de
la parte trasera del taxi de aquel tarado.
Pensó en una casualidad, en la posibilidad de que dos
taxis con la misma patente coincidieran en la misma
calle... Entonces miró a su alrededor y entendió. Ahí es-
taba la plaza, la misma plaza que había visto al tomar
aquella calle. Había regresado al comienzo de Berlín, o
mejor dicho, al mismo lugar por donde él había ingre-
sado a Berlín.
Pero no se trataba de un retorno físico solamente, sino
también temporal, pues había llegado al mismo lugar en
el mismo momento en que... ¡él mismo tomaba la calle!
¡Justo a tiempo para chocar su propio taxi!

Digamos que la fábula del eterno retorno del taxi perdido tiene su basamento en que Berlín es una calle circu-
lar, una serpiente que se muerde la cola, un *ourobouros* urbano. Cualquiera que la tome y pretenda transitarla hasta
donde termina, andará y andará eternamente. Es que Berlín, como dijimos al principio, no es infinita pero es ilimitada. Lo extraño es que el taxista de la historia no lo supie-
ra. Con tener un plano más o menos detallado de la Capital
Federal hubiera evitado la paradoja.

Cabe señalar que el mítico Jorge L. Borges, en su libro
Evaristo Carriego, ya se había referido al diferente transcu-
rrir del tiempo en Parque Chas:

Yo no he sentido el liviano tiempo en Granada, a la
sombra de torres cientos de veces más antiguas que las
higueras, y sí en Pampa y Triunvirato; inspirado lu-
gar de tejas anglizantes ahora, de hornos humosos de

ladrillos hace tres años, de potreros caóticos hace cin-
co. El tiempo [...] es de más imprudente circulación en
estas repúblicas. Los jóvenes, a su pesar, lo sienten. Aquí
somos del mismo tiempo que el tiempo, somos herma-
nos de él.

La esquina de La Pampa y Triunvirato se encuentra cerca del corazón del barrio, a cuatro cuadras de la rotonda perfecta llamada Berlín.

Algunos hasta señalan este fragmento como uno de los posibles orígenes de la fábula del "apunte anónimo" transcripto por Triste Pegaso.

Ahora bien, si nos atenemos estrictamente a lo que dice el relato, el taxi tuvo que haber llegado a Berlín desde la calle Ávalos, ya que de esa manera quedaría, al doblar a la derecha, frente a la plaza Capitán Domingo Fidel Sarmiento.

Teniendo esto en cuenta, algunos dicen que la loma de burro que se encuentra sobre Berlín apenas empieza la plaza, fue colocada como precaución luego del accidente de los taxis (o deberíamos decir del taxi contra sí mismo). Y no sólo eso, sino que aseguran que los obreros que repararon la calle en el lugar del accidente, no se atrevieron a renovar el asfalto en el sitio exacto del choque, como si se tratara de tierra santa. Prueba de ello sería un cuadrado dibujado por la brea, justo antes de la loma de burro, en cuyo interior el asfalto parece ser más antiguo, más pálido.

También hay quienes confunden esta historia hecha mito con la del colectivo de los muertos, y dicen que el taxi nunca escapó de Parque Chas, que aún hoy uno puede cruzárselo manejado por un conductor que murió hace mucho tiempo ya.

De un taxi manejado por un muerto a un taxi manejado por la Muerte hay poca distancia lingüística, distancia que el de boca en boca puede salvar sin ningún inconveniente.

¿Estarán relacionados este costado del mito del taxi de Parque Chas con la leyenda del taxi del cercano cementerio de Chacarita?*

Hay una tercera historia, un tercer mito que sorprende a quienes tienen el coraje de internarse en tan fabuloso barrio, y como no podía ser de otra manera, es la historia de un hombre perdido. Quizá sea ésta la más sencilla de las tres leyendas urbanas, sin embargo sus consecuencias son las más trascendentes.

Nadie sabe de dónde vino ni cuándo llegó a Parque Chas, pero dicen que hace años deambula un hombre perdido que, cuando tiene hambre o sed, golpea en alguna casa pidiendo un plato de comida o un vaso de agua. La leyenda asegura que aquella persona que no se solidarice con el hombre caerá en desgracia hasta que éste no encuentre la salida.

No son pocas las personas del barrio que creen en la advertencia, es por eso que algunos linyeras aprovechan el mito y golpean en las casas de Parque Chas sabiendo que recibirán algo a cambio.

CATALINA O. (vecina de Parque Chas): "Miren, brujas no existen, pero que las hay, las hay. No soy tonta, ya sé que la mayoría de los que dicen ser el tipo perdido son farsantes,

---

* Véase el capítulo titulado "El último taxi" en el primer volumen.

pero yo por las dudas les doy un sanguchito y un vaso de soda, y me quedo tranquila".

Comenzábamos esta última parte del capítulo diciendo "nadie sabe de dónde vino ni cuándo llegó", refiriéndonos al personaje del mito; pero nunca se puede estar seguro de algo así cuando son porteños los que tenemos enfrente. Siempre habrá alguno que sabe algo, o dirá saberlo, que para el espíritu de este libro es lo mismo. Es que así es el alma del porteño, él no puede quedar afuera, él tiene que participar en el asunto, tiene que tener, al menos, un comentario que hacer.

Esquivel F., otro vecino del barrio, fue quien salvó el honor del buen porteño. Y digamos que sus palabras son más que interesantes:

—Todo empezó con Isidoro Pueyrredón, hace ya unos treinta años. El pobre Isidoro vivía en Villa Urquiza, a unas quince cuadras de nuestro barrio. A él le encantaba Parque Chas. Lo habían jubilado joven a Isidoro, porque el suyo había sido un trabajo insalubre; así que para no aburrirse se venía caminando, todos los días, desde Villa Urquiza. Llegaba acá, paseaba por las calles más internas de Parque Chas, y después se volvía a su casa. Él siempre decía que su paseo era como un viaje a Europa*. En nuestro barrio era muy conocido, lo saludábamos todos al pobre, y digo pobre porque a los setenta le agarró el mal de Alzheimer. Pero Isi-

---

* Aquí Esquivel se refiere a que muchas de las calles de Parque Chas tienen nombres de ciudades europeas: Atenas, Liverpool, Varsovia, Cádiz, Londres, Berlín, Dublín, Marsella, Copenhague, Turín, Nápoles, Hamburgo, Budapest, Bucarest, Ginebra, Moscú, Belgrado, Oslo, Estocolmo. Quizá la calle que más desentone con el conjunto sea China, por ser el nombre de un país asiático.

doro era testarudo y a pesar de la enfermedad siguió con sus caminatas. Entonces comenzó a ser común encontrarlo perdido. Y pensar que antes de que ese mal lo jodiera conocía el barrio como la palma de su mano. En sus últimos paseos, antes que lo encerrasen en el geriátrico, llegó a golpear puertas pidiendo ayuda, diciendo que ni siquiera se acordaba cómo había llegado hasta allí. No pasó mucho y empezaron con ese cuento del hombre perdido. El que lo inventó se basa en Isidoro, no tengo dudas.

Como ya dijimos, son interesantes las palabras de Esquivel, ya que no hacen más que repasar uno de los mecanismos que más habitualmente encontramos involucrado en el nacimiento de una leyenda urbana: el de boca en boca transformando un hecho real en un relato fantástico.

Una vez más ciertas personas vuelven a mezclar las historias, o a "sintonizarlas" según el término utilizado por algunos investigadores, algo muy común en una zona donde circulan tantas.

Así como están los que dicen que el hombre perdido de nuestra última historia era uno de los pasajeros del colectivo de los muertos, el único que decidió bajar del vehículo antes de morir de inanición; están, a su vez, los que aseguran que el hombre perdido y el taxista son una sola persona, y que al descomponerse su auto luego de chocar consigo mismo trató de salir del barrio por sus propios medios. Y es así como hoy continúa buscando el final de la calle Berlín.

Si bien cada una de estas leyendas urbanas y, como éstas, otras muchas historias, tienen su origen particular, compartirían un origen general, y éste consiste en la supuesta y simple realidad de que la gente se pierde en Parque Chas.

¿Es normal que tanta gente se pierda dentro de un mismo barrio por más intrincado que sea el dibujo de sus calles? ¿Parque Chas no esconderá algo más entre sus rotondas y pasajes?

Buscando paralelismos fuera del universo sobrenatural podemos comparar lo que ocurre en Parque Chas con un fenómeno que se produce en ciertas calles o autopistas de pendiente pronunciada en diferentes lugares del mundo. En dichos caminos si uno apaga el motor del auto y retira todos sus frenos será testigo de algo increíble: el auto, en vez de descender lentamente la pendiente merced a la fuerza de gravedad, ¡la sube!

El milagro es aparente. Se trata de una simple ilusión creada por la geometría del lugar. Es una cuestión de puntos de referencia con respecto al paisaje que rodea a la pendiente, pues es el mismo paisaje el que está inclinado, y el auto, en realidad, está descendiendo y no ascendiendo.

¿Confundirán con algún juego de perspectiva similar las singulares calles de Parque Chas a aquellos que las transitan? ¿Será la geometría sin igual del barrio hacedora de ilusiones que desconciertan a peatones y conductores?

En *Cantor de tango*, Tomás Eloy Martínez deja bien en claro que algo de esto sucede en el barrio:

> *Las casas estaban una al lado de la otra, sin espacios de separación, pero los arquitectos se habían ingeniado para que las líneas rectas parecieran curvas, o al revés [...] más de una casa llevaba el mismo número, digamos el 184, y en varias creí observar las mismas cortinas y el*

mismo perro asomando el hocico por la ventana [...] Tu-
ve la sensación de que, cuanto más andaba, más se alar-
gaba la acera, como si estuviera moviéndome sobre una
cinta sin fin.

El barrio se despidió de nosotros a través de la voz de otra de sus habitantes, MACARENA G.:

—De chica mi abuela solía contarme que Dios hizo el mundo cosiendo telas, y que todos los pliegos sueltos confluían en Parque Chas, y que la única manera de unirlos y que quedara relativamente prolijo, era coserlos saliéndose del patrón que venía respetando. Por eso, decía ella, Parque Chas no se parece a ningún barrio, ni de Argentina ni del mundo.

El carácter sencillo e inocente de la fábula contada por Macarena contrastaba con el perturbador brillo que creíamos adivinar en sus ojos.

—En el barrio hay un montón de estos cuentos hermosos —continuó Macarena—. Vengan, entren, sin miedo. No crean en todas esas pavadas que se dicen de nosotros.

Si no fuera por lo encapotado que estaba el cielo, hubiéramos pensado que aquel brillo siniestro era tan sólo el sol del atardecer reflejándose en sus ojos.

No aceptamos la invitación de Macarena, ya bastante habíamos caminado por aquel dédalo de granito.

Nos fuimos pensando en cómo definir a Parque Chas en pocas palabras: ¿El triángulo de las Bermudas de los barrios porteños? ¿El equivalente urbano a un agujero negro espa-

cial, en donde todo lo que entra ya nunca puede salir? Nos
seguía gustando eso de finito e ilimitado. Pero entonces una
vez más Tomás Eloy Martínez y su *Cantor de tango* acudie-
ron en nuestro auxilio; si bien no con una definición, lo hicieron con las palabras que, tal vez, mejor pintan al barrio:

> *Cientos de personas se han perdido en las calles enga-
> ñosas de Parque Chas, donde parece estar situado el in-
> tersticio que divide la realidad de las ficciones de Bue-
> nos Aires.*

PARTE V

Desde el buzón
de mitos

Villa Crespo

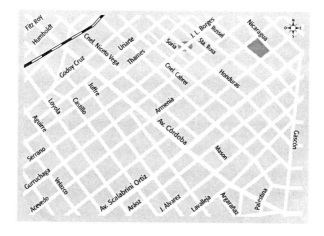

La historia de este mito empieza con un mail recibido un tiempo después de la salida de nuestro primer volumen. El mensaje era tan enigmático como sencillo:

Todo es cierto. Hay que decirlo de una vez.

y firmaba, un tal Licenciado Claudio Páleka.

Tratamos de ponernos en contacto con el licenciado y nos citamos en un bar. Cuando entramos, esperábamos encontrar a un hombre de traje y corbata, de pelo engominado. Preguntamos en la barra. El empleado nos señaló a alguien en una mesa, cerca de la ventana. Tal vez no entendíamos las señas pero su dedo apuntaba a un ¿cura?

Nos acercamos.

—¿Licenciado Páleka?

—También. ¿Qué? ¿Se sorprenden? ¿O acaso los religiosos no tienen derecho al estudio? Me presento. Soy monseñor Claudio Páleka. Y los cité porque me interesó su libro. Pero a su vez me molestó.

Por un segundo nos preguntamos cómo debía ser un cura: de pelo enrulado y vestido discretamente, sólo una enorme cruz de aspecto Celta y su distintivo o solideo, que lo acreditaban como tal.

La intriga nos estaba matando.

—Me parece incorrecto dejar tantas dudas con respecto a las historias que cuentan —continuó—. Si no están seguros, no digan nada. De lo contrario...

Le recordamos cuál era el espíritu de nuestro trabajo. El "libre albedrío" del lector ante todo.

Páleka se tocó una barba amarillenta por el tabaco (¿un cura fumador?, otra rareza) y meditó unos instantes.

—Esto les tiene que quedar claro a ustedes. Todo, y cuando digo *todo* lo hago en el más amplio sentido de la palabra, es cierto. ¿A qué me refiero? Cualquier invención de la mente no es creación sino recreación.

—¿Los vampiros, por ejemplo? —preguntamos, tanteando a nuestro interlocutor.

—Sin ninguna duda, y Bram Stocker no inventó a Drácula. Él se basó en relatos anteriores de Europa Oriental. Además, indudablemente tenía talento.

—En un segundo mail nos comentó que tenía historias "ciertas" para contarnos.

—Así es. Y no los cité en este lugar por casualidad, de hecho nada es casualidad. Todo forma parte de una sincronicidad, como diría el amigo Jung.

—¿Leyó a Jung?

—¿Está mal? Dios no condena el conocimiento sino la soberbia que conlleva para algunos su mal uso. Bien. Esta "experiencia" me ocurrió a principios de los años ochenta. Todavía estábamos en plena dictadura militar y la información, digamos, no fluía correctamente. Cuando la persona que me solicitaba me describió la situación, tenía el aspecto de algún tipo de posesión, pero no concentrada en una persona sino en el ambiente, más precisamente en su casa.

—¿Existen realmente las posesiones?

—A ver, en la mayoría de los casos los mando al psicólogo, pero en una mínima porción... Los estragos que produce el mal son devastadores, se los aseguro. Continúo. La casa se encuentra muy cerca de acá, en Canning (Scalabrini Ortiz) y Córdoba. Tengo entendido que está casi deshabitada pero en esa época estaba en muy buenas condiciones. Cuando llegué, la mujer —Mabel se llamaba— estaba envuelta en llantos, la mirada perdida. Y no era para menos. Daba la sensación de que una mano gigante le hubiera sacudido la casa. Espejos rajados, adornos hechos añicos. Hasta el parqué estaba partido. Por supuesto, le pregunté si la había visto un arquitecto y Mabel dijo que sí, y que el arquitecto no encontraba ninguna falla estructural. Obviamente, la zona no es sísmica en absoluto y no había ninguna excavación cercana. Realicé entonces una tarea de "limpieza" espiritual yendo ambiente por ambiente y después confortando a la inquilina. A los días me llamó, desesperada. No podía entender casi nada de lo que me decía. Recuerdo sólo algunas de sus palabras: "Viene de abajo. Tengo mucho miedo. Padre, venga rápido".

Los ojos del religioso se abrieron desmesuradamente, lo cual aumentó el suspenso y nos confesó:

—No estaba preparado para semejante revelación. Para empezar, la puerta de calle estaba abierta y de adentro salía una considerable cantidad de polvo. Mabel no estaba sola. Una cuadrilla de obreros de la Municipalidad se gritaban unos a otros. Los temblores se incrementaron. Alguien, que parecía un capataz, indicó enérgicamente que cavaran. Sí, cavaran en el piso, en el medio del living. ¡Rápido! ¡Más rápido! El living se llenó más de polvo y de gritos. Encontré a Mabel aferrada a un rosario, parada detrás de una columna.

—¿Y qué pasó? —preguntamos y nos dimos cuenta de que estábamos también tensos.

—Antes, quiero dejar en claro muy bien algo: esto que les cuento no me lo relató nadie. Yo lo *vi* con mis propios ojos. Y para que vean que no miento, quiero que me citen con nombre y apellido. Al principio no veíamos nada porque estaba cortada la luz eléctrica, pero era evidente que en el suelo de la casa había algo. Volvió la luz —nunca supe si alguien la había cortado o qué— y tuvimos un panorama de lo que se mantenía oculto en el piso: un enorme, larguísimo reptil.

—Un fósil.

—Les puedo asegurar a ustedes que este "fósil" respiraba, hasta incluso, podíamos palpar su nerviosismo. La situación era ridícula: una especie de lagarto de casi de diez metros —contando la cola— debajo del comedor de una casa en plena capital. En ese momento no podía asociarlo con nada. Ahora podría encontrarle un cierto parecido al Dragón de Komodo.

Salimos del testimonio para comentar que la historia del Dragón de Komodo es de por sí mítica. Este lagarto prehistórico y que puede llegar a medir hasta cuatro metros y que pesa ciento cincuenta kilos, fue descubierto para el resto del mundo en plena Primera Guerra Mundial. Un piloto derribado con su avión y que nadó desesperadamente hasta la costa se encontró, según su testimonio, con "reptiles gigantes, monstruos horribles de la prehistoria". Cuando fue rescatado, contó su historia pero nadie le creyó. Finalmente, en 1926, y al mejor estilo *King Kong*, un norteamericano, de apellido Burden, organizó un expedición y efectivamente allí estaba, en una de las islas Komodo, pertenecientes a Indonesia. Fue apodado Dragón por la forma despiadada y feroz de devorar a sus víctimas. La escena, según se documenta, es impresionante. El dragón no mastica sus presas, las traga, apoyado en sus garras en medio de coletazos y bufidos.

¿Podría un animal semejante habitar en los suelos o subsuelos de Villa Crespo?

Con ese motivo, consultamos a Zacarías F. (paleontólogo).

—Los habitantes naturales de la zona eran principalmente Mastodontes, Megaterios y Gliptodontes. El Megaterio era del tamaño de un elefante pero con una particularidad: podía pararse en dos patas para descascarar la corteza de los árboles, por ejemplo. El Mastodonte era un gigante lanudo y muy similar a los elefantes actuales y su nombre era por la forma de sus dientes redondeados, en forma de mamas. Los Gliptodontes eran variantes de diferentes especies de armadillos, el equivalente actual a las mulitas o peludos. Alcanzaban los dos metros de largo.

Le preguntamos si guardaban alguna similitud con el Dragón de Komodo.

—Nada que ver. Estos animales eran básicamente herbívoros. En el caso de los Gliptodontes, además, tenían grandes uñas pero para escarbar el suelo en busca de raíces.

Le recordamos un hallazgo reciente de restos fósiles de Gliptodontes. El descubrimiento ocurrió en 2001, en la construcción del túnel de ampliación de la línea B del subterráneo, a doce metros de profundidad y a la altura de las avenidas Triunvirato y Tronador.

—Les completo los datos entonces: en la década del 30 y cuando empezaban a construir esa línea encontraron nada más y nada menos que un mamut debajo de Corrientes. Si no recuerdo mal, en el ochenta, un mastodonte en la excavación de un túnel subterráneo para provisión de agua. Igual, debo recordarles que se extinguieron hace 10.000 mil años. Por más que hubieran sufrido mutaciones, se deberían haber descubierto. Este animal al que ustedes se refieren, en apariencia anfibio, es una imposibilidad biológica.

Volvamos al relato del monseñor:

—Imagínense ustedes que por un momento todos nos quedamos sin saber qué hacer. Como dije antes, el animal respiraba y movía un poco su larguísima cola. Nadie sabía si intentaba moverse o había quedado atascado. A la media hora, llegaron los de la comisaría 25 y se quedaron tan impresionados como nosotros. Recuerdo que tuve la audacia de acercarme al ser. Todavía yo era muy joven y si bien había tenido experiencias sobrenaturales, la sola expectativa de encontrarme cara a cara con una bestia de semejantes características, me intimidaba. Vi sus ojos. ¡Parpadeaba! Eran ojos muy pequeños. Me disponía a efectuarle un examen más exhaustivo cuando alguien me apartó violentamente. "Perdóneme, padre", me dijo un hombre de traje y de gruesos bigotes negros, "pero a partir de ahora estamos a cargo". Después de esto, dio órdenes a otros vestidos como él, y a los de la Federal, para que formaran una especie de cordón alrededor del hallazgo. En todo momento daba la sensación de que sabían lo que hacían. Incluso el de bigote seguía unas anotaciones y daba instrucciones a partir de ahí. A los cinco minutos arribó otro grupo pero esta vez con unos lazos y algo parecido a rifles de aire comprimido. Pusieron una lona y no pudimos ver más nada. Escuchamos varios disparos secos y un ruido como a sierra. Más tarde, trajeron una caja de hierro y aparentemente se llevaron al enorme bicho. El de bigotes, antes de irse, habló con el capataz, con Mabel y conmigo. Era como ver esas viejas películas que pasaban cuando éramos más chicos, las típicas palabras que decían en casos así: "Por favor, les pedimos que no comenten una palabra de este... suceso porque cundiría el pánico en la población y eso no queremos que pase. ¿Entendido? Por si acaso, los estaremos observando". Dicho esto se fue sin saludar. Jamás supimos de dónde era.

Debíamos apoyar los dichos de Páleka profundizando en esa dirección. Recorrimos la zona aledaña al descubrimiento del llamado Dragón.

Primero indagamos, pero sin éxito, en la comisaría 25, de Scalabrini Ortiz al 1300. También en la escuela Provincia de Córdoba, que está casi pegada a la comisaría. Nadie conocía la historia. Probamos en casas particulares también y la respuestas fueron irreproducibles. Casi resignados y mientras revisábamos nuestras notas, posamos la vista sobre una tradicional y pintoresca confitería de la zona ubicada en Scalabrini Ortiz al 1200. De inmigrantes sirios, los descendientes de los originales dueños tratan de mantener las tradiciones.

Después de contarle la historia del monseñor, Karim, la joven dueña del lugar, palideció de repente. Lo único que le daba un poco de color eran sus enormes ojos negrísimos.

—Cuando yo era chica, mi abuela siempre me contaba historias increíbles, y adoraba *Las mil y una noches*. Se sabía noches completas. Era una actriz frustrada. Actuaba los relatos. Y me acuerdo que un día me dijo que el... —ella me lo decía en árabe— algo así como gusano o un reptil habitante de las entrañas de la tierra, estaba viniendo a alimentarse del mal de este mundo. Como mi abuelita estaba muy grande, pensé que se creía las historias que me contaba y no podía distinguir la realidad de la fantasía. Decía que por las noches lo sentía moverse silenciosamente. Que estaba más cerca del suelo y que había que purificarse. Tanto miedo tenía que tuvimos que empezar a acompañarla a la mezquita. Falleció a los tres meses.

La recorrida terminó en una obviedad y por demás cercana: La catedral de San Jorge (cristiana ortodoxa) en la misma cuadra. Cuenta la leyenda que San Jorge, patrono de Inglaterra, da muerte a un feroz dragón en la colina de Berkshire.

—No son los primeros que vienen con la historia de un dragón —afirmó un allegado al párroco, al que llamaremos Luis—. También hablan de Gárgolas. Lo único que puedo decirles es que en esos años (principios de los ochenta) me comentaron algunos rumores y, se sabe, este barrio tiene una mezcla multiétnica muy fuerte y cada uno trata de competir a ver quién tiene la mejor historia.

Lo que nos deja a punto para la última parte del relato del licenciado/monseñor Páleka:

—Lo que más nos perturbaba era el olor. Era algo orgánico pero también tenía una fuerte presencia vegetal, como a tierra mojada. Tenía miedo —aunque el que se entrega de cuerpo y alma al Señor nada teme—, era esa inquietud a lo extraño, a lo desconocido. Para ser sintético, Mabel y yo saltamos la lona que cubría la zona y nos deslizamos por el enorme agujero dejado por el cuerpo de esa criatura. Pensamos que nuestra posibilidad de asombro estaba colmada. Nos equivocamos: esa llaga que había en el subsuelo se continuaba en un túnel. Pedí a Mabel que trajera una linterna. En el túnel podía caber una persona o tal vez dos agachadas. Lo iluminé y la luz se perdía en él. Casi instantáneamente, volvimos a percibir ese olor ajeno a todo lo conocido. "Vamos, por favor, padre, salgamos de acá", me suplicó Mabel. Y le hice caso.

—¿Y qué pasó después?

—Por supuesto, Mabel no quería quedarse un segundo en esa casa. A los pocos días, volvió con otros obreros, cementaron el agujero y puso la propiedad en venta de inmediato. Cuando se fue del barrio, perdí el contacto con ella. Pero hay un detalle más que nunca dejó de impresionarme.

—¿Cuál?

—El túnel tenía una clara dirección hacia el lado del arroyo Maldonado.

El arroyo Maldonado. De sus inicios, este curso de agua que originariamente partía a Buenos Aires, tiene su memoria mítica. Le debe su nombre a una mujer que habría venido con el fundador de Buenos Aires, don Pedro de Mendoza. Como la mayoría de esos españoles, muertos de hambre y sed, la Maldonado se aventuró tierras adentro. Se detuvo en una laguna. No había comida pero se encontró con una puma muy débil a punto de parir. A pesar del cansancio y el hambre ayudó al animal a tener a sus crías. Como era tierra de indios fue hallada por éstos desmayada y sola. Bastante tiempo después fue rescatada de los indios por un pelotón español, pero como la Maldonado había aceptado vivir entre "salvajes sin alma" fue condenada a morir en medio de la llanura a merced de las fieras. Se la llevaron a las orillas de un arroyo distante y la ataron a un árbol. El peor de los finales. Esa noche, además de la sed y el hambre fue acechada por diferentes alimañas pero fue defendida por la puma que había ayudado a parir. A los tres días y seguros de haber cumplido la sentencia, los soldados volvieron para dar cristiana sepultura a la condenada. Pero para su sorpresa encontraron a la mujer, desfalleciente pero viva, y a sus pies, a la puma jugueteando con sus cachorritos. Los españoles le perdonaron la vida a la Maldonado y aprendieron la lección de "humanidad" de un animal.

Pasaron los siglos y ese arroyo con nombre de mujer se fue poblando de hechos y anécdotas. A medida que Villa Crespo albergaba las primeras olas inmigratorias, ese curso de agua que dividía lo que se denominaba el centro y los suburbios adquiría entidad propia.

A fines del siglo XIX se instalaba a la vera del Maldonado, sobre Rivera (ahora avenida Córdoba) la fábrica de tejidos de don Enrico Dell'Acqua. La fábrica empleaba en su planta permanente a más de mil quinientos obreros y poseía las más modernas máquinas para la manufactura de hilo, lana y algodón. Esto produjo una rápida urbanización lindera al Maldonado.

Honorio P., viejo vecino del barrio y sistemático recolector de datos, nos aportaría nuevas pistas a nuestro mito:

"Mi viejo laburó de pibe en la fábrica. En ese momento se permitía el trabajo infantil. Lo hacía en turnos de 6 a 8 horas. Gracias a eso, mi abuela podía parar la olla. En ese tiempo, se iba al arroyo con sus amigos a cazar sapos y tirarle piedras a la vieja Chucha. Una señora que vivía ahí nomás del arroyo y decían que era bruja.

"Cuando mi viejo tenía veinte años tocaba en una orquestita de tango. Quería estudiar y se ganaba unos mangos. No era un genio pero se las rebuscaba bien. En un baile conoció a mi vieja y para sorprenderla le contó la anécdota de la ballena".

Las crónicas hablan de que en 1903 un pescador de apellido Meilillo encontró una enorme ballena de alrededor de 30 metros y 200 toneladas en la desembocadura del Maldonado y la remolcó hasta Berazategui.

"A la anécdota le agregó algo: en realidad, según mi viejo, la ballena había sido muerta por otro animal monstruoso que vivía en el Río de la Plata. Pero que todo se había callado. Él lo sabía porque conocía al pescador y le había confesado ese secreto y, a partir de ese momento, el Maldonado se volvió la obsesión de mi padre. Todo lo que mencionaba al arroyo, mi padre lo juntaba. Incluso cada tanto se mandaba en busca de información para lo de Gleizer, la librería de don Manuel Gleizer que era un lugar frecuentado por artistas, sobre todo escritores, como el mismísimo Borges, Leopoldo Marechal, el orgullo del barrio, y el poeta Baldomero Fernández Moreno. Este enigmático poema, que les paso como un pequeño tesoro, lo improvisó el gran poeta después de una larga noche de tango:

Maldonado mugriento hilo de agua
mal habido nicho de basura maloliente
y esos bichos que
sinuosos en su andar
como los meandros infames de ese riacho maldito
exhiben su piel dura, resistente
y sus bocas afiladas.
Nadie sabe de dónde vienen
pero sí cómo acabarán:
devorados por el progreso de una ciudad sin sueños".

Don Honorio cuenta que él y su padre frecuentaban el Maldonado hasta que, y como si fuera el poema una profecía cumplida, se encontraron con las obras de entubamiento del arroyo.

"Mi pobre viejo no paró de llorar por tres días seguidos. «Los van a terminar matando», me decía. Nunca me quedó en claro a qué se refería realmente."

¿Se trataría del Dragón visto por Páleka?

Sentíamos la necesidad de conocer la mortaja del arroyo bien de cerca. Para ese cometido nos esperaba una visita al curso de agua domesticado a cargo del ingeniero Eva-

RISTO J., como parte del programa "Buenos Aires bajo las baldosas". Éramos parte de un reducido grupo de no más de seis personas. Nos fueron entregados unos pilotos y unos cascos amarillos. Bajamos por una alcantarilla en avenida Juan B. Justo, que sigue los caprichos del viejo arroyo y fue construida arriba uniendo la capital con el gran Buenos Aires.

Apenas dejamos de ver la luz del día entramos en otro mundo. Un mundo gris, de cemento, de cálculos y números.

—El entubamiento se realizó en tres años y fue una obra de ingeniería notable. Se utilizaron 5.000 toneladas de hierro en barra, 20.000 toneladas de cemento...

Una persona del grupo preguntó con razón que, si la obra había sido tan notable, por qué la zona se inundaba aún hoy con cada tormenta.

—Para empezar, para cuando fue realizada la obra, gran parte de las calles eran de tierra o mejoradas y absorbían mucha más agua. Con la pavimentación, eso no ocurría y el agua buscaba su declive natural e iba al Maldonado. Después, por la basura que se acumula en la bocas de tormenta y que obstruye el desagote del agua. Todos, problemas que estamos solucionando.

Era el momento de preguntar por nuestro dragón. El ingeniero nos alumbró con una linterna y se rió un largo rato. Abrió los brazos y utilizando la linterna como un puntero nos dijo:

—Esos cuentos son como los de los cocodrilos de las alcantarillas de Nueva York. En un sistema cloacal como el de esa ciudad podemos encontrar roedores a lo sumo, pero jamás un animal de características semejantes. Además, ya lo hubiéramos detectado. Antes que me pregunte alguien, esos bultos que se mueven al lado de los pilotes son residuos. La Municipalidad los retira una vez a la semana.

Comentamos nuestra experiencia a Honorio P. y meneó varias veces la cabeza.

"Estos muchachos tienen poca memoria. Hubo inundaciones terribles en estos últimos años. En las del 85 y el 97 se registraron muertos tragados por los desagües. Eso oficialmente. Tengo vecinos que vieron salir algo de las alcantarillas y les puedo asegurar que no era humano. ¿Hasta cuándo nos van a seguir ocultando la verdad? A lo mejor esos seres están en un estado de vida latente, como algunos tipos de ranas, no sé, y cuando aumenta el caudal despiertan. Sea lo que fuere, ahí hay algo y mi padre lo sabía y nunca me quiso rebelar. Lástima que se lo llevó a la tumba."

Un mes después de la entrevista a Páleka, recibimos un nuevo mail en el que reproducía traducida del inglés una noticia de un diario del sur de los Estados Unidos:

¿Animales prehistóricos en el Mississippi?
Como parte de las obras para mejorar la profundidad de este importante río, la empresa DeBones efectuaba trabajos de dragado en el lecho del río cuando fueron atacados por extraños animales acuáticos desconocidos. "Jamás vi algo parecido —declaró Bernie Forrest, empleado—. Me sentí como si estuviera en Jurassic Park. Van a suspender los trabajos hasta saber qué demonios ocurre."

El mail cerraba de esta forma:

Nuestro mundo es mucho más complejo de lo que parece. Sólo hay que tener la sensibilidad para descubrirlo. Y admirar y asombrarse con la Obra de Dios.

Las preguntas se acumulan y nos inundan como el arroyo tormentoso.

Lo único que vemos con claridad en este mito es un mensaje moralizador que es el siguiente: no subestimen a la naturaleza. Y si quieren contenerla, háganlo bien o de lo contrario...

Sus primeras "travesuras"

> *En la capital Argentina a dos de noviembre de mil*
> *ochocientos noventa y seis, a la una y diez de la tarde,*
> *ante mi Jefe de la Sexta Sección del Registro, Fiore Go-*
> *dino de treinta y ocho años, casado, domiciliado en*
> *Deán Funes mil ciento cincuenta y ocho, hijo de José*
> *Godino y de Margarita Celestino, declaró que el día*
> *treinta y uno de octubre último, a las siete de la maña-*
> *na y en su domicilio nació el varón Cayetano Santos,*
> *donde lo vi, hijo legítimo del declarante y de Lucía Ruf-*
> *fo, de treinta años, hija de Cayetano Ruffo y de Romi-*
> *na Palafreli.*

Con estas palabras, el tomo sexto de los libros de nacimiento del Registro Civil, da fe de la llegada a este mundo
de Cayetano Santos Godino.

Se le adjudicaron once víctimas oficiales, aunque se esti-
ma que fueron muchas más; cuatro de ellas fatales: dos por
estrangulación, una enterrada viva y la otra quemada viva.

Todas sus víctimas fueron niños. La mayoría no alcanzaba los tres años de edad.

Animales mutilados, incendios intencionales y hurtos, también figuran en su prontuario.

Queda bien claro que Cayetano, más conocido como el Petiso Orejudo, de santo tenía sólo el nombre.

Muy lejos de ser recibido en un cálido ambiente familiar, durante los primeros años de su vida debió soportar que su padre, prácticamente desocupado*, llegara ebrio casi todos los días, y no sólo descargara su furia contra su madre, sino contra él mismo** o cualquiera de sus hermanos. Además, Cayetano padeció en aquella época una grave infección intestinal que lo tuvo al borde de la muerte en varias ocasiones.

Quizás estos nada gratos primeros pasos hayan engendrado el demonio en el que se terminaría convirtiendo.

Cuando todavía no tenía ocho años, atacó a su primera víctima: Miguel de Paoli, un chiquito de un año y nueve meses. Cayetano lo llevó hasta un baldío, lo golpeó salvajemente una y otra vez, y lo arrojó sobre un grupo de altas espinas. Miguel tuvo la suerte de que un vigilante se percatara del ataque y el incidente no pasó a mayores.

Miguel de Paoli fue atacado el 28 de septiembre de 1904.

Al año siguiente le tocó a Ana Neri, de un año y seis meses (la fecha exacta nunca estuvo clara, sólo se sabe que

---

* Desde su llegada a Buenos Aires Fiore trabajó de farolero, pero ese tipo de iluminación se hallaba en pleno retroceso al nacimiento de Cayetano.

** Algunos dicen que amén a estas golpizas, el Petiso Orejudo, de chico, llegó a exhibir 27 cicatrices en su cabeza.

el hecho sucedió en cierto día de 1905). El Petiso la golpeó con una piedra en la cabeza. Como con Miguel, un vigilante frenó el hostigamiento. Las heridas fueron graves y la chiquita padeció sus secuelas durante seis meses. Ana sobrevivió.

La que no sobrevivió fue su siguiente víctima, otra chiquita, de quien ni siquiera se conoce el nombre. Tendría la misma edad que Ana Neri. Habría sido tomada por Cayetano en marzo de 1906 de la vereda frente al almacén *El Destino*, que existía en la intersección de las avenidas Acoyte-José M. Moreno y Rivadavia. Según el mismo Petiso Orejudo, llevó a la criatura hasta un baldío sobre la calle Río de Janeiro, intentó estrangularla, pero finalmente la enterró viva, cubriendo la sepultura con algunas latas.

El único dato que brindaría un nombre para la inocente chiquita es una denuncia por desaparición tomada en la comisaría décima, fechada el 29 de marzo de 1906, de una niña llamada María Roca Face. María nunca fue encontrada.

En ese mismo año, 1906, al parecer ya con el secreto de su primera víctima fatal en la conciencia, Cayetano fue denunciado ante la policía, más precisamente ante el comisario Francisco Laguarda, por su propio padre, luego de que éste encontrara una caja llena de pájaros muertos bajo su cama matrimonial.

Así consta en el acta policial levantada en aquella ocasión:

En la Ciudad de Buenos Aires, a los cinco días del mes de abril del año 1906, compareció una persona ante el infrascripto, Comisario de Investigaciones, la que pre-

vio juramento que en legal forma prestó, al solo efecto de justificar su identidad personal dijo llamarse Fiore Godino, ser italiano, de cuarenta y dos años de edad, con dieciocho de residencia en el país, casado, farolero y domiciliado en la calle 24 de noviembre seiscientos ventitrés. Enseguida expresó: que tenía un hijo llamado Cayetano, argentino, de nueve años y cinco meses, el cual es absolutamente rebelde a la represión paternal, resultando que molesta a todos los vecinos, arrojándoles cascotes o injuriándolos; que deseando corregirlo en alguna forma, recurre a esta Policía para que lo recluya donde él crea sea oportuno y para el tiempo que quiera.

La resolución consignada dice:

Se resolvió detener al menor Cayetano Godino y se remitió comunicado a la Alcaldía Segunda División, a disposición del señor Jefe de Policía.

De vuelta al barrio

El Petiso Orejudo no llegó a estar tres meses en la Alcaldía. El 20 de junio retornó al conventillo de 24 de Noviembre 623, donde vivía su familia. Y siguió haciendo de las suyas.

Dos niños sufrieron en carne propia sus morbosas ocurrencias. Ninguno de los dos alcanzaba los dos años de edad.

Al primero, Severino González Caló, casi lo ahoga en una pileta para caballos.

Al segundo, Julio Botte, le quemó un párpado con un cigarrillo.

El 6 de diciembre de 1908 Fiore Godino y Lucía Ruffo vuelven a entregar a su hijo a la policía. Éste fue encerrado en la Colonia de Marcos Paz durante tres años.

El clavo del terror

Cuando Cayetano retorna una vez más a su hogar, lejos estaba de haber sido regenerado. Todo lo contrario: su sed de sangre, dolor y fuego había cobrado una nueva pasión, pasión que lo convertiría en uno de los mitos más trascendentes y aterradores de nuestra ciudad.

El año 1912 fue el apogeo del Petiso Orejudo. El demonio dejó su reguero de agonía infantil por diferentes barrios porteños: Almagro, Constitución, Balvanera, Monserrat, Boedo...; pero sería Parque Patricios el escenario del que se dice fue su crimen más espantoso.

Con respecto a este capítulo en la negra cosecha del Petiso Orejudo, nos llegó un mail a nuestro Buzón de mitos.

Su remitente: María de los Ángeles Noya.

He aquí un extracto de dicho mail:

Pensaba acercarles algo acerca del Petiso Orejudo, obvio lo deben conocer... es que nosotros somos de Parque Patricios y mi viejo y yo fuimos al Colegio Bernasconi, que antiguamente era la quinta de Perito Moreno y es ahí donde el Petiso Orejudo mató a un chiquito del barrio, la fecha no la sé bien, pero está en todos lados. El tema del mito es algo que viene por el colegio, todo

chico que estudió ahí sabe del Petiso Orejudo, y siempre
que andás por los pasillos laberínticos del Bernasconi te-
nés que hablar del Petiso, incluso en el teatro del cole-
gio, que es fabuloso, siempre se jode con que el Petiso an-
da por ahí y que están dibujadas sus iniciales en una
pared de cemento del teatro.

Yo sí vi esa pared con las iniciales, está atrás del último
telón, pero lo más probable es que las haya hecho algún
pibe travieso... y les digo la verdad, no me acuerdo qué
decían esas iniciales, si serían las del Petiso (Santos Go-
dino, creo que se llamaba), pero la cuestión es que es-
tán, o estaban cuando yo fui, no soy tan vieja, y eso es
un mito que va a estar siempre en el colegio...

El dato es cierto: los terrenos donde hoy se alza el Instituto Bernasconi son los mismos que albergaron la Quinta que en 1860 había adquirido Francisco Moreno, Padre
de "Perito" Moreno.

En 1912 era un baldío lleno de chatarra oxidada y basura.

El 3 de diciembre de aquel año fue el día en que el Petiso
Orejudo arrastró hasta la Quinta Moreno a Jesualdo Giordano, de apenas tres años. Una vez allí intentó estrangularlo con
un piolín, pero no lo consiguió: la criatura no dejaba de moverse. Entonces lo ató de pies y manos, y lo golpeó repetidas
veces con el puño en la carita. Pero Jesualdo no moría.

Entonces el maldito tuvo aquella macabra idea: atrave-
sarle el cráneo con un clavo.

Algunos dicen que Jesualdo ya estaba muerto cuando
el Petiso Orejudo llevó a cabo su ocurrencia. Dios quiera
que así haya sido. Aunque lo mejor que podría hacer Dios
sería retroceder el tiempo y conseguir que Jesualdo demo-

re un poco más en tomar la leche, así aquella bestia orejuda con nombre de santo nunca se lo hubiera llevado mientras jugaba en la puerta del conventillo de Progreso 2585.

Basándonos en el mail de María de los Ángeles, podemos ver cómo la fuerza del mito del Petiso Orejudo no parece haber dejado lugar a una posible leyenda que involucrara al pobre Jesualdo, refiriéndose a su alma en pena o a alguna otra manifestación relacionada con el chiquito. Esa misma fuerza mitológica hace que, aunque el destino último de Cayetano Santos Godino esté documentado, la mínima posibilidad de su presencia acechando en los pasillos o en el teatro del colegio Bernasconi provoque escalofríos en los chicos y en los no tan chicos que lo concurren.

La inscripción

Nos hicimos presentes en el Instituto para corroborar la veracidad de aquella misteriosa inscripción atribuida al Petiso Orejudo.

La persona que nos atendió, perteneciente a la cooperadora, no veía muy placentero el tener que mostrarnos el teatro:

—Ir sola ahí siempre me dio miedo —nos dijo mientras subíamos las escaleras hacía el Teatro—. Cuando las luces están apagadas, el piso de madera no deja de crujir.

Tuvimos suerte: encontramos al encargado de aquel pequeño coliseo. Le estaba poniendo llave a la pesada puerta del recinto.

Le dijimos que nos demoraríamos tan sólo unos minutos, que queríamos verificar un dato que nos había llegado por mail, una inscripción en una pared.

—Aquí no hay ninguna inscripción —sentenció el hombre—. Pero si van a ser breves, pasen.

Entonces hizo girar la pesada cerradura que un instante atrás había cerrado, y la puerta se abrió.

El teatro era imponente y perturbador. Estaba todo en penumbras, salvo el escenario: una luz, algo más fuerte, lo iluminaba.

Las butacas estaban vacías, sin embargo uno podía sentir el murmurar de un público, como si sus voces hubieran quedado atrapadas rebotando eternamente entre aquellas paredes enormes.

Acompañados por la persona de la cooperadora y el encargado del teatro, nos dirigimos hacia el escenario. Una vez allí, leímos en voz alta un pasaje del mail de María de los Ángeles:

—"Yo sí vi esa pared con las iniciales, está atrás del último telón".

—Debe referirse al otro telón, al que está contra la pared —sugirió el encargado.

Fue así como dejamos atrás el telón principal, y vimos que el escenario tenía como fondo otro telón, un telón que, simplemente, parecía cubrir una pared.

Fuimos hasta él. Lo levantamos por un corte que tenía a la mitad de su extensión. Nada, sólo una pared venida a menos, descuidada, muy antigua en apariencia.

—Nunca la refaccionaron porque estuvo siempre tapada con este telón —dijo el encargado.

Insistimos. Fuimos hasta el extremo derecho de la tela. Lo levantamos. Más pared cuarteada por los años.

—¿Ven?, no hay nada —nos espetó el hombre, mientras la otra persona, la de la cooperadora, nos miraba con una sonrisa—. Es pura cháchara del alumnado. ¿Podemos irnos?

—Un segundo más —dijimos—. Sólo nos resta ver el otro extremo. Ya que estamos acá...

Hacia allí fuimos. Unas viejas gradas de madera, que, nos informaron, antaño utilizaban los niños del coro, se apoyaban sobre aquella punta del telón. Corrimos las gradas y levantamos la tela.

Al representante de la cooperadora se le borró instantáneamente la sonrisa.

—¡Pero, ¿quién hizo esto?! —exclamó.

—¡Dios mío! —fue la reacción del encargado—. No sabía que estaba eso ahí.

"Eso" era la inscripción que estábamos buscando.

Detrás de aquel extremo del telón había unas letras sobre la vieja pared. Habíamos esperado encontrarnos con algún *graffiti* hecho con marcador o con tiza, letras garabateadas con el apuro de un alumno que sabe que está haciendo una travesura.

Nada de eso. Las letras estaban talladas. La profundidad y la prolijidad que exhibían no sugería apuro alguno. Es más, el "artista" se había tomado el trabajo de tallar un pequeño círculo, a manera de punto, junto a cada símbolo. Por lo visto quería dejar bien en claro que aquellas letras eran las iniciales de algo. ¿Pero de qué?

En el mail de María de los Ángeles se habla del rumor de que las iniciales serían del Petiso Orejudo. Luego nos contactaríamos con ella para saber si tenía en su poder algún dato más, si en la época en la que ella asistía al Bernasconi se le asociaban palabras a esas iniciales.

—No me acuerdo qué letras eran, sólo se decía que las

había pintado el Petiso —nos comentaría—, y eso bastaba para hacerme asustar como loca...

María de los Ángeles no recordaba las letras, pero nosotros no podemos sacarlas de nuestra cabeza. He aquí la inscripción tal cual la descubrimos, una letra debajo de la otra:

H.
F.
M.
S.
J.
C.
R.
P.

De haber sido talladas por la mano del Petiso Orejudo, una de dos, o el engendro realmente ronda por el Bernasconi, justificando el miedo de algunos alumnos; o aquella pared se alza en aquel sitio desde antes de la construcción del teatro, tal vez desde antes de la construcción del mismo Instituto, cuando Santos Godino, todavía en vida, pudo haber dejado aquella impronta en el cemento.

Aun así las iniciales talladas no parecen guardar relación ni con nuestro temible personaje, ni con sus víctimas. Podríamos acomodar algunos nombres y apellidos asociados a la leyenda, y hacerlos corresponder con las letras en la pared; pero sería un truco carente de cualquier valor. No podemos descartar, por lo tanto, que signifiquen cualquier otra cosa, y que alguien se las haya adjudicado al Petiso Orejudo, creando el mito.

Cuando abandonamos el teatro, les preguntamos a nuestros dos acompañantes si podíamos nombrarlos en este libro. Se negaron terminantemente.

—No queremos quedar pegados a ningún embrujo, a ninguna venganza del más allá —nos dijeron.

Más allá... del teatro

Nos entrevistamos también con un grupo de alumnos a la salida del colegio. Tampoco nos quisieron dar sus nombres, quizá por miedo a alguna reprimenda; pero sus testimonios son interesantes.

Dos de ellos mencionaron cierta "escalera antigua que está a mitad del parque, entre los pastos", la cual, corroboramos, puede verse desde la calle Esteban de Luca. Sobre sus resquebrajados peldaños, aseguran los chicos, pudo ser visto, en un par de ocasiones, "un chico que no conocía nadie, pelado y orejón". Las dos veces quisieron acercarse y el chico desapareció entre los árboles.

No son éstas las únicas escaleras que parecen quitar el sueño a más de uno en el histórico Instituto. Una muchacha nos aseguró que se oyen ruidos extraños, como gemidos, en la larga escalera que conduce a la ESCUELA DE NIÑAS, una entrada que permanece cerrada, cadena oxidada de por medio. Los alumnos se los atribuyen a la presencia del Petiso Orejudo.

María de los Ángeles nos dijo al respecto:

—Están sobre Rondeau, sí. Es el portón de acceso a la parte de mujeres (se dividía así cuando el Instituto no era mixto), y como todo el colegio está en desnivel, de ese lado las escaleras son laaaaargas, tanto que de noche espantan al más valiente.

Exploramos también los alrededores del Bernasconi, sólo para descubrir que el aura del Petiso Orejudo es más extensa de lo que imaginábamos.

En el Hospital Materno Infantil Ramón Sardá, frente al Instituto, se corre el rumor de que cada vez son más los gatos que se encuentran múertos con piolines alrededor del cuello, una de las torturas preferidas del asesino.

—Suelen aparecer en el buffet de la Cooperadora —nos dijo uno de los comerciantes que se instalan todos los días en la entrada del edificio—. Yo vi uno muerto ahí, con el piolín, junto a la entrada de ambulancias.

María de los Ángeles también se refirió a este asunto:

—En cuanto a lo del Sardá es cierto, he escuchado sobre la matanza de gatos. Quizás haya alguien que esté emulando al Petiso.

Corroboramos la existencia de una gran cantidad de gatos en el hospital, pero no vimos ningún cadáver.

No será la primera vez que un rumor nos lleve a otro: nos enteramos dentro del sanatorio que allí mismo habría otra inscripción de Santos Godino, una que confirmaría que aún está suelto por las calles de Parque Patricios. La inscripción podíamos hallarla, según los comentarios, detrás de una de las puertas internas del baño de caballeros.

Fuimos al baño. El reverso de todas las puertas que daban a los inodoros estaban llenos de leyendas del tipo: "Hoy nació mi hijo, fulanito de tal", "Mi señora dio a luz en esta maternidad a mi segunda hija, fulanita".

—Entre todas aquellas inscripciones —nos habían dicho— encontrarán una que dice "si nació tu hijo, cuidálo de mí".

Por segunda vez encontramos la inscripción que buscábamos, o al menos eso supusimos, porque en el reverso de la primera puerta de inodoros, en la esquina superior izquierda, escritas con marcador, pudimos leer las palabras: "si acá nació tu hijo, cuida..." Luego la oración seguía, pero no estaba clara. Sin embargo, después de observarla con detenimiento, llegamos a la conclusión de que la alternativa más probable para completar la oración sería: "si acá nació tu hijo, cuidá el hospital", escrita por alguien ofendido por el uso que se le había dado a aquella puerta.

La imaginación de algún aburrido visitante de aquel baño, habría relacionado la inscripción inconclusa con el Petiso Orejudo (quizás inspirado por tanto anuncio de nacimiento). Luego el de boca en boca se encargaría de desparramar aquella ocurrencia por todo el barrio.

Otro rumor que se encargó de desparramar el de boca en boca es el que asegura que en los pasajes Casacuberta y Apule ha sido visto, recientemente, un muchacho bajo, de orejas muy grandes, que desaparece apenas percibe que lo están observando. Fue divisado, dicen, por algunos escolares, ya que ambos pasajes suelen utilizarse por las escuelas para actividades recreativas.

Casacuberta y Apule se ubican a tan sólo tres cuadras del conventillo donde viviera, en Parque Patricios, Cayetano Santos Godino: General Urquiza 1970. Además, fue frente a la boca de entrada del pasaje Casacuberta* de don-

---

* El lugar exacto es la puerta de la casa que se ubicaba en General Urquiza 1664.

de el Petiso Orejudo se llevó a la niña Carmen Ghittoni, de tres años de edad, para luego torturarla en el terreno baldío que se ubicaba en Chiclana y Deán Funes.

Estos datos quizá condicionen a dichos pasajes a ser el blanco de los más imaginativos del barrio.

También hay que decir que Casacuberta y Apule estimulan la imaginación de cualquiera. No aptos para claustrofóbicos, son muy angostos, con altas y antiguas casas a ambos lados, casas, algunas, que apenas parecen mantenerse en pie: dan la sensación de que en cualquier momento se desmoronarán sobre uno. Para agregar clima a este inquietante escenario, al fondo de Casacuberta se distingue la centenaria parroquia San Miguel, donde se hallaba, irónicamente, el Oratorio de San Cayetano.

¿A qué se debe tanta insistencia con respecto a la terrible posibilidad de un Petiso Orejudo vivo, acechando hoy en día a los habitantes de Parque Patricios? ¿Basta con darle todo el crédito a la imaginación barrial y al de boca en boca?

Regresaremos a estas cuestiones hacia el final de la investigación.

La sentencia

Luego del asesinato de Jesualdo, Santos Godino fue encerrado en el Hospicio de las Mercedes, manicomio que se alzaba en el barrio de Barracas.

Dentro del establecimiento sus instintos no se detuvieron.

Baste como ejemplo que, entre otras barbaridades, introdujo fósforos en la leche de un interno para envenenarlo.

Finalmente la sentencia llegó el 12 de noviembre de 1915. Por sus homicidios reiterados se lo condenó a la pena de penitenciaría por tiempo indeterminado.

Pasó, entonces, casi siete años y medio en la Penitenciaría Nacional, donde, se dice, su conducta fue ejemplar. Luego fue deportado al flamante Penal de Ushuaia.

Terminada de construir en 1920, el Petiso Orejudo ingresó en la prisión del sur el 28 de marzo de 1923. Allí su conducta vuelve a ser ejemplar, aunque si nos guiamos por los registros penitenciarios no fue tan así.

Según algunos informes, Cayetano habría recibido unos trece castigos en la cárcel de Tierra del Fuego.

Su "travesura" más famosa en este penal quizá sea sólo una fábula, pero la historia es inseparable de la leyenda del Petiso Orejudo.

Se dice que los demás prisioneros habrían criado, con mucho cariño, a un par de gatitos; como si todo el afecto que no supieron brindar estando en libertad lo hubieran guardado para aquellos dos felinos. Pero Cayetano se levantó mal un día y les quebró el espinazo a los animalitos. Los presos se vengaron de él con una tremenda paliza, en la cual le habrían arruinado los testículos y roto algunos huesos.

El final del monstruo

Cayetano nunca recibió visitas en prisión. Mantuvo correspondencia con sus padres, su hermana y su sobrina; pero este lazo también se fue perdiendo. Su familia habría vuelto a Italia, abandonándolo para siempre.

Cayetano Santos Godino muere en el penal de Ushuaia

el 15 de noviembre de 1944. La versión oficial señala que fue una hemorragia interna causada por una úlcera en el estómago la que lo llevó a la muerte. Pero aparecerían otras versiones en las que se haría referencia a un estado tuberculoso o a una grave pulmonía.

Pero el mito urbano volvería a la venganza por el asesinato de los dos gatitos del penal, señalándola como la verdadera causa de la muerte de Cayetano. El mito hace oídos sordos al año en que los investigadores fechan aquella paliza: 1933, once años antes del documentado deceso.

Quizá la relación se genere amén a que existe la posibilidad de que la mortal hemorragia se haya generado en una última pelea en prisión de la cual, si es que existió, se desconocen las causas.

¿El final del monstruo?

Así como el de boca en boca habría metido la cola para crear esta versión aparentemente falsa de la muerte del Petiso Orejudo (que es, sin embargo, la más conocida y aceptada), algo parecido pudo haber hecho con respecto a los rumores de que el terrible asesino aún ronda en los pasillos del Instituto Bernasconi.

Tiempo atrás, hubo ciertas personas, naturales de Ushuaia, que aseguraron que el Petiso Orejudo se había hecho el muerto para luego escapar de su tumba. La exageración popular llegó a completar estos dichos incorporando el dato de que Cayetano se había convertido en un ente eterno, gracias a la "energía" o "esencia" que le otorgaran las almas de las criaturas que ultimó.

Toda esta especulación metafísica se apoyaría en lo sucedido cuando se removió la tierra del cementerio de Ushuaia: no estaban los huesos del Petiso.

Esta versión pudo haber sido llevada por algún alumno o profesor al Instituto Bernasconi; para que una vez allí, ayudada por el antecedente del asesinato de Jesualdo, y por la extraña inscripción en el teatro, se instalara en los pasillos de colegio hasta generar el miedo a la presencia real del mítico asesino.

El peor

A lo largo de nuestras investigaciones nos hemos enfrentado a monstruos de todo tipo, desde enanos vampiros hasta la bestia que habita en la Reserva Ecológica, desde golems hasta lagartos prehistóricos.

¿Pero habrá peor monstruo que el que acabamos de presentar? ¿Existirá bestia más aterradora que la abominación infanticida llamada "Petiso Orejudo"?

Si aún no se atreven a arriesgar una respuesta, quizá los ayude a decidirse el siguiente interrogatorio al que sometieron los doctores Esteves y Cabred a nuestro monstruo, cuando éste se hallaba internado en el Hospicio de las Mercedes.

Hemos reproducido textualmente dicho interrogatorio según consta en el libro *La leyenda del Petiso Orejudo* del historiador Leonel Contreras. De esta misma obra, fascinante por cierto, fue tomada mucha de la información reflejada en estas páginas.

He aquí, entonces, el interrogatorio de Esteves y Cabred a Godino:

E-C: *¿Es usted un muchacho desgraciado o feliz?*

G: *Feliz.*

E-C: *¿No siente usted remordimiento de conciencia por los hechos que ha cometido?*

G: *No entiendo lo que ustedes me preguntan.*

E-C: *¿No sabe usted lo que es remordimiento?*

G: *No, señores.*

E-C: *¿Siente usted tristeza o pena por la muerte de los niños Giordano, Laurora, y Reina Bonita Vainicoff?*

G: *No, señores.*

E-C: *¿Piensa usted que tiene derecho a matar niños?*

G: *No soy el único, otros también lo hacen.*

E-C: *¿Por qué mataba usted a los niños?*

G: *Porque me gustaba.*

E-C: *¿Por qué producía usted incendios?*

G: *Porque me gustaba.*

E-C: *¿Por qué buscaba usted terrenos baldíos o casas deshabitadas para cometer sus atentados?*

G: *Porque así nadie me veía.*

E-C: *¿Por qué huía usted luego de matar a los niños y de producir incendios?*

G: *Porque no quería que me agarrara la policía.*

E-C: *¿Con qué objeto fue usted a la casa del niño Giordano la misma noche del día en que lo mató?*

G: *Porque sentía deseos de ver al muerto.*

E-C: *¿Con qué objeto le tocó la cabeza al muerto?*

G: *Para ver si tenía el clavo.*

E-C: *¿Piensa que será castigado por su delito?*

G: *He oído decir que me condenarán a veinte años de cárcel y que si no fuera menor me pegarían un tiro.*

E-C: ¿Se animaría usted a matar algunos niños idiotas del Hospicio de las Mercedes?

G: Sí, señores.

E-C: ¿En qué paraje los mataría?

G: En la quinta del establecimiento, porque así no me verían.

E-C: ¿Cómo haría usted para matarlos?

G: Les pegaría con un palo en la cabeza y lo dejaría al lado del niño para hacer creer que el palo le había caído por casualidad en la cabeza.

E-C: ¿Dónde le gusta más a usted vivir? ¿En este asilo o en la cárcel?

G: En la cárcel.

E-C: ¿Por qué?

G: Porque acá están todos locos y yo no soy loco.

¿Estas dieciséis nuevas investigaciones aún no alcanzaron para saciar su sed de mitos?

Como creemos que durante la lectura fueron, de alguna manera, un investigador más, ahora los invitamos a que no abandonen la aventura y sigan descubriendo leyendas urbanas que no se contemplan en este libro ni en el anterior.

¿Pero cómo discernir si la historia que hallamos es un mito consolidado, un simple rumor, o... eso, una historia y nada más?

Teniendo en cuenta que los límites entre toda esta variedad de relatos que habita nuestra ciudad no están claramente definidos, podemos arriesgar un listado de síntomas que deberían encender nuestra alarma de POSIBLE MITO EN PUERTA.

A saber:

SÍNTOMA DEL AMIGO: Si la historia que nos cuentan no la vivió el mismo narrador, es signo de que ya ha pasado, por lo menos, por un estadio de mutación. Es más: se continúa transformando delante de nosotros ya que, voluntaria o involuntariamente, el portavoz de turno agrega, omite o modifica elementos en aquello que nos está confiando. Llamamos a éste "Síntoma del amigo", porque son historias que suelen ocurrirle al amigo de un amigo del narrador, a un familiar, al amigo de un familiar, etcétera.

SÍNTOMA DEL CLON: Puede suceder que nos cuenten una historia, que al poco tiempo nos la vuelvan a contar pero con detalles cambiados, que más adelante nos llegue otra versión de los mismos hechos, y así sucesivamente. Esto suele ser un indicador de que estamos ante una historia en plena evolución, un relato que está buscando cuál de todas sus versiones es la que más agrada a la gente. Pronto, una de estas versiones comenzará a preponderar sobre las otras hasta instalarse como la "versión oficial". Llamamos a éste "Síntoma del clon", pues es un estadio donde la historia abunda en clones de sí misma.

SÍNTOMA DE LA GULA: Suelen manifestarse en cifras que forman parte del mito en cuestión. Éstas pueden cambiar de un narrador a otro, como si la propia historia sondeara cuál es el rango de exageración más conveniente, ya que si bien debe transmitir asombro no puede perder, merced a un excesivo abultamiento de las cifras, credibilidad. Llamamos a éste "Síntoma de la gula" pues los relatos que lo padecen exhiben sus datos numéricos "engordados" por el de boca en boca.

SÍNTOMA DE LA SERPIENTE: Si nos topamos con un relato cerrado, es muy posible que se trate de una de las últimas versiones que tomará la historia antes de convertirse en mito, si no de la final. Podemos decir que su principal característica es defenderse a sí mismo. Es casi imposible de degradar, pues si sucede cierta cosa, el mito se corrobora, y si sucede lo opuesto... ¡también! Un buen ejemplo de este tipo de versiones lo conforma el caso de la familia Venier, el cual se comenta en "El poder de un Dios", en este mismo libro. Llamamos a éste "Síntoma de la serpiente", porque nos recuerda a una serpiente que se muerde la cola, generando un círculo vicioso.

SÍNTOMA FUNDAMENTAL: Cualquier historia que pueda reducirse a una advertencia del tipo "cuidado con hacer tal cosa porque te puede pasar tal otra" es buena candidata a mito urbano. Piensen si no en la mayoría de las leyendas que conocen. Si se les retira capa a capa su contenido, como una cebolla mítica, ¿no obtenemos al final un consejo, algo que no debemos hacer porque si no...? Llamamos a éste "Síntoma fundamental", pues, por lo general, es ésa la piedra fundacional de las leyendas urbanas: una simple advertencia.

Índice

Planeta

España
Av. Diagonal, 662-664
08034 Barcelona (España)
Tel. (34) 93 492 80 36
Fax (34) 93 496 70 58
Mail: info@planetaint.com
www.planeta.es

Argentina
Av. Independencia, 1668
C1100 ABQ Buenos Aires
(Argentina)
Tel. (5411) 4382 40 43/45
Fax (5411) 4383 37 93
Mail: info@eplaneta.com.ar
www.editorialplaneta.com.ar

Brasil
Rua Ministro Rocha Azevedo, 346 -
8º andar
Bairro Cerqueira César
01410-000 São Paulo, SP (Brasil)
Tel. (5511) 3088 25 88
Fax (5511) 3898 20 39
Mail: info@editoraplaneta.com.br

Chile
Av. 11 de Septiembre, 2353,
piso 16
Torre San Ramón, Providencia
Santiago (Chile)
Tel. Gerencia (562) 431 05 20
Fax (562) 431 05 14
Mail: info@planeta.cl
www.editorialplaneta.cl

Colombia
Calle 73, 7-60, pisos 7 al 11
Santafé de Bogotá, D.C.
(Colombia)
Tel. (571) 607 99 97
Fax (571) 607 99 76
Mail: info@planeta.com.co
www.editorialplaneta.com.co

Ecuador
Whymper, 27-166 y Av. Orellana
Quito (Ecuador)
Tel. (5932) 290 89 99
Fax (5932) 250 72 34
Mail: planeta@access.net.ec
www.editorialplaneta.com.ec

Estados Unidos y Centroamérica
2057 NW 87th Avenue
33172 Miami, Florida (USA)
Tel. (1305) 470 0016
Fax (1305) 470 62 67
Mail: infosales@planetapublishing.com
www.planeta.es

México
Av. Insurgentes Sur, 1898, piso 11
Torre Siglum, Colonia Florida, CP-01030
Delegación Álvaro Obregón
México, D.F. (México)
Tel. (52) 55 53 22 36 10
Fax (52) 55 53 22 36 36
Mail: info@planeta.com.mx
www.editorialplaneta.com.mx
www.planeta.com.mx

Perú
Grupo Editor
Jirón Talara, 223
Jesús María, Lima (Perú)
Tel. (511) 424 56 57
Fax (511) 424 51 49
www.editorialplaneta.com.co

Portugal
Publicações Dom Quixote
Rua Ivone Silva, 6, 2.º
1050-124 Lisboa (Portugal)
Tel. (351) 21 120 90 00
Fax (351) 21 120 90 39
Mail: editorial@dquixote.pt
www.dquixote.pt

Uruguay
Cuareim, 1647
11100 Montevideo (Uruguay)
Tel. (5982) 901 40 26
Fax (5982) 902 25 50
Mail: info@planeta.com.uy
www.editorialplaneta.com.uy

Venezuela
Calle Madrid, entre New York y Trinidad
Quinta Toscanella
Las Mercedes, Caracas (Venezuela)
Tel. (58212) 991 33 38
Fax (58212) 991 37 92
Mail: info@planeta.com.ve
www.editorialplaneta.com.ve

Grupo ⊜ Planeta   Planeta es un sello editorial del Grupo Planeta   www.planeta.es